高校文化祭の教育論

生徒の自主性・主体性を育てるために

小山利一・小西悦子 編著

はじめに

新型コロナウイルス感染症の拡大により、全国の学校が一斉に休校措置が取られてから3年が経過しました。第8波に及ぶ感染の急増期を経ながら、ようやく収束の方向に向かいつつあります。この3年間、学校では様々な教育活動が制限され、生徒が楽しみにしている多くの学校行事は中止や規模縮小を余儀なくされました。オンライン授業の普及など学校教育の在り方を再考する契機ともなりました。

文化祭は対面開催が困難になり、各学校では新しい形態を模索する動きが始まりました。改めて文化祭の意義が問われています。この『高校文化祭の教育論』は、そうした状況を背景にこれまでにない新しい「高校の文化祭」についても提起していこうとしています。執筆前に、オンラインを通じて執筆を担当する先生方との意見交換を行い、それぞれの課題意識を明確にしました。「そもそも文化祭とは何?」「生徒にどういう力を付けようとしているの?」という根本的な疑問に正対しながら、「考察編」と「実践編」を通して、校種や課程、職種、経験年数も様々な全国の先生方がご自身の経験を踏まえながら執筆しています。

初めて担任になり、どのように文化祭に取り組もうかと悩んでいる比較的若手の先生に役立つものとして、また、教職を目指す大学生の皆さんにとってもイメージしやすいものとなるように工夫しました。ぜひ多くの方々に活用してほしいと願っています。

結びに、執筆していただいた先生方、この企画を提起していただき出版までお力添えいただいた学事出版編集部の戸田幸子氏、編著者としてご協力いただいた小西悦子先生に感謝申し上げます。

2023年3月

小山利一

高校文化祭の教育論　目次

第2章 考察・実践編

コラム

第1章

理論編

理論編①
文化祭で育てたい
生徒の自主性
早稲田大学教職大学院
小山利一

文化祭で育てたい生徒の自主性

早稲田大学教職大学院
小山利一

東京都立高校２校15年間勤務の後、東京都教育委員会等で16年間教育行政に従事する。都立高校統括校長を経て現職。担任時代にはHR通信（B4判、手書き）を３年間で200号発行する。教科指導以外にHR活動や部活動指導に教員としての醍醐味を味わう。

1　高校生にとっての特別活動

高校時代を思い返したとき、私たちはそれをどのように思い返すのでしょうか。大学生に高校生活を振り返ってもらい、「どんなことが印象に残っているのか」を尋ねると、授業などの教科活動ではなく、特別活動の各活動を挙げる者が多く、その中でも、学校行事が第1位を占めています（**図1**参照）。とりわけ、「修学旅行」「文化祭」「体育祭」は三大行事として、高校生活に大きな影響を与えていることがアンケートからも窺えます（**図2**参照）。いずれにせよ、特別活動は高校生の学校生活を充実させ、豊かにしているものと言えます。

多くの高校で作成している中学生向けの学校案内を見ると、教育課程や進路指導についてだけでなく、生徒の活動場面として学校行事や部活動を紹介するページを多く割いています。筆者が校長だった際にも、生徒には「学習はもちろんだけれど、学校行事や部活動にも力を入れ、充実した高校生活を送ってほしい」と常々語っていました。

しかし、特別活動には共通する教科書がなく、多くの教員はこれまでの学校での経験や先輩教員からの伝承、教員自身の経験に基づいた指導が行われています。こうしたことから、特に初めて担任を担う若い教員は指導に苦慮している現実があります。真面目に取り組もうとすればするほど、指導に悩み、孤立化する傾向も見受けられます。そうした中で、時として自主性の名を借り、指導の放棄をすることもあるのではないでしょうか。

全国の先生方の実践を共有しながら、ホームルーム担任として文化祭にどのように取り組み、生徒の自主性や主体性を育てていけば良いのかを考えてみたいと思います。

2　文化祭はいつから始まったの？

そもそも文化祭はどのような経緯で、いつから始まったのでしょうか。諸説あるようですが、東京府立第五中学校（のちの東京都立小石川高校、現在の東京都立小石川中等教育学校）が１９２１（大正10）年に開催した創作展が始まりと言われています。

図１　高校時代で最も印象に残っている教育活動

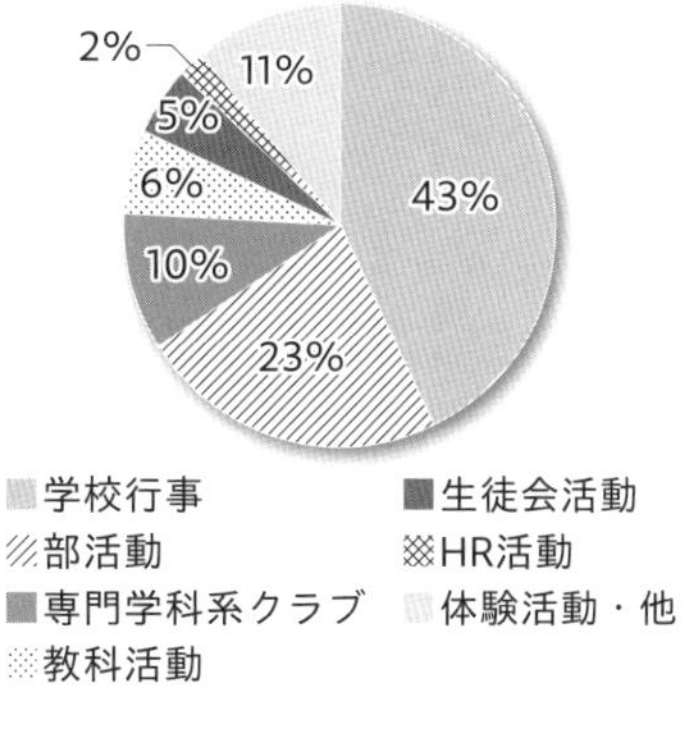

図２　印象に残っている学校行事

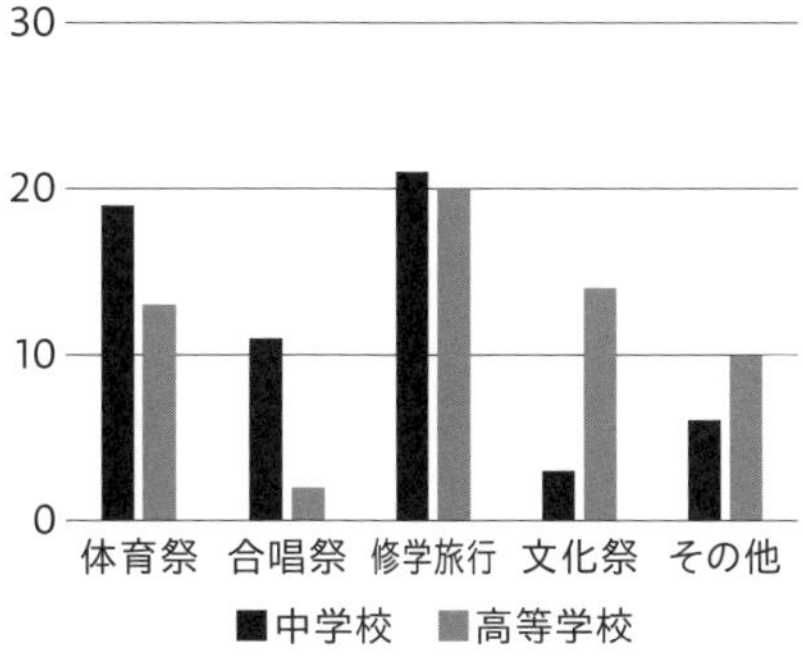

1920（大正9）年、初代校長の伊藤長七が、「夏休みは休みではない」という考えの下で、「夏休みの間に何でもよいから創作、創案し、研究してそれを出品せよ」ということで夏期休暇記念展覧会が開かれ、翌1921年の第1回の創作展が始まりました。『立志　開拓　創作　百年の系譜』（紫友同窓会　五中・小石川百年史編纂委員会）には、次のように記載されています。

「創作展」これは、府中五中の創立以来のモットーである「開拓」「創作」「立志」のうちの「創作」に由来し、当時から、現在まで続く伝統行事である。第1回では、夏休みの生徒の自学自習成果の発表の他に、小説家の小川未明、土井晩翠、有島武郎、徳富蘇峰、徳富蘆花など有名作家などの原稿、さらには、父兄、各学校、工場からの出品もあり、生徒作品約300点のほか、学外約200点にも及んだ。習字、図画、工作、博物標本、日記、作文、作曲など様々な分野の展示、発表や解剖、化学実験、無線電信等の研究発表も行われた。その中には、新案特許となるような発明品もあったという。優秀な作品には賞を授与するという制度は、この時から始まり、メダルが15人、賞状が28人に授与された。この創作展のことが新聞紙上に発表されるなど世間の注目を浴び、生徒の他に約3000名以上の人々が見物に集まり、大変な盛況だった。」（「半世紀」）

こうした経緯から考えると、夏休みに何かしらの学習や創作、研究をして、その成果を発表する場として位置付けられていたものが文化祭の始まりと考えて良いと思います。東京都立小石川中等教育学校では、現在も9月の行事週間の中で、「創作展」、「芸能祭」（初期は学芸会）、「体育祭」（初期は運動会）を実施しています。「創作展」は他校での文化祭と同様、時代の変化により、その内容に、変化が見られました。『創作』第23号には、１９５６（昭和31）年のこととして、「**音研と電波研合同レコードコンサートが開かれ、歌う会がフォークダンスを催すなど（中略）戦前の発明展であった創作展が、戦後にクラブの研究発表の場と化し、一般生徒の関心が次第に薄らいでいくのを見た委員会が創作展をお祭りにしようとする第一歩の試みと見受けられる。**」とあり、文化祭にお祭り的な要素が加わったことが窺えます。また、１９６４（昭和39）年には「**大多数の生徒が参加できる創作展を目標にして……『クラブ主体』から『クラス主体』へ移り変わった**」（『創作』第62号）とあるように、文化祭の参加形態が現在のクラス参加になった背景が、生徒全員が参加できる文化祭を目指してのことであったことが窺えます。さらに、１９７２（昭和47）年には、「**まず、喫茶店が多いこと。そしてお化け屋敷、レコードコンサート…。当時はどこの学校の文化祭も似たり寄ったりだった。…このような創作展のあと、授業をつぶして何日もかかってやる行事がこんなものでいいのか、という声は職員側にも生徒自身の中からも湧き上がってきた**」（「60周年記念誌」）ように、文化祭の内容についての議論が出るような状況が窺えますが、こうした議論が出てもなかなか改善できなかった時代でもあったように思います。

筆者が高校教員になったのはまさにその70年代後半から80年代で、担任として、文化祭の出し物（企画）を決めるには、ずいぶんと苦労しました。初任校はいわゆる生徒指導困難校でしたので、生徒にとっての文化祭は授業から解放される「お遊びの場」「楽しみの場」でした。出てくる企画は「お化け屋敷」「迷路」「ゲームコーナー」「喫茶店」「飲食店」で、担任が文化祭に求める企画とは大きくかけ離れたものでした。経験豊富な担任はそうした企画に対して様々なアプローチをして、生徒の力を十分に引き出し魅力あるものにしていっていましたが、若い担任には難しい課題でした。また、中には生徒と「文化祭はどうあったら良いのか」を話し合い、企画の変更をした（させた）担任もいました。筆者はそうした先輩教員の実践例を参考にしながら、あるいは、『文化祭読本』（高文研）を読み、全国の先生方の実践事例を参考にしながら、生徒と共に企画を検討し、出し物を決めていました。いま振り返ると、結局は経験則や他校の先生の真似をしての指導であったと反省をするばかりです。

では、文化祭の企画をホームルームで決める際に、担任としてどのような指導をすれば良いのでしょうか。

3　文化祭の学習指導要領上の位置付け

その拠り所になるのが「学習指導要領」です。特別活動には共通する教科書がないと前述しましたが、私たちが共通して参考にすべき教科書的なものが「学習指導要領」です。これに気づいたのが教員10年を過ぎた頃でした。様々な教育活動をする際の拠り所・根拠になるものが「学習指導要領」です。

２０１８（平成30）年に告示された学習指導要領には、特別活動の目標は次のように規定されています。

> 集団や社会の形成者としての見方・考え方を働かせ、様々な集団活動に自主的・実践的に取り組み、互いの良さや可能性を発揮しながら集団や自己の生活上の課題を解決することを通して、次のとおり資質・能力を育成することを目指す。
>
> ＊「高等学校学習指導要領」第５章より

そして、「望ましい集団活動」を通して、育てたい資質・能力を次のようにまとめることができます。

①「**知識及び技能**」

多様な他者と協議する様々な集団活動の意義や活動を行う上で必要となることについて理解し、行動の仕方を身に付けるようにする。

②**「思考力、判断力、表現力等」**
　集団や自己の生活、人間関係の課題を見いだし、解決するために話し合い、合意形成を図ったり、意思決定したりすることができるようにする。

③**「学びに向かう力、人間性等」**
　自主的、実践的な集団活動を通して身に付けたことを生かして、主体的に集団や社会に参画し、生活及び人間関係をよりよく形成するとともに、人間としての在り方生き方についての自覚を深め、自己実現を図ろうとする態度を養う。


　特別活動の内容は、ホームルーム活動、生徒会活動、学校行事で、これらの活動等を通じて、生徒に右記①から③の三つの資質や能力を身に付けさせることが特別活動の目標と言えます。少し抽象的な表現になっていますが、これらの活動に具体的に取り組んでいく際には、意識して指導していくことが教員に求められます。

　特に、今般の学習指導要領の改訂では、さまざまな課題解決に向けて、集団内での「話し合い」を通じて「合意形成」を図ったり、「意思決定」したりすることを大切にしています。

　このホームルーム活動における学習過程を踏まえると、ホームルームで文化祭の企画を検討する際には、担任として次のように生徒の活動を支援することが期待されます。

①**問題の発見・確認**：文化祭の企画についての提案、どのような企画が考えられるか、意見を募る
②**解決方法の話し合い**：出された企画案に対して、文化祭の目標やホームルームの実態に即して、メリットやデメリットを出し合いながら、話し合い、企画案を絞り込む。
③**解決方法の決定**：②の話し合いにより２～３案に絞り込んだ企画案について、最終的に一つに絞り込むた

めの方法を確認し、一つに絞り込む。
④決めたことの実践：③で一つに絞り込んだ企画の実施に向けて、具体的な活動計画や係分担などを決める。計画に基づいて取り組み、文化祭に臨む。
⑤振り返り：文化祭終了後、係ごとのまとめを行い、ホームルーム全体としての総括を行う。担任としてもこれまでの取組み、指導法等についてまとめる。
⑥次の課題へ：⑤で出された課題については次年度に生かせるように整理する。
文化祭の企画を決める際に押さえておきたいのは文化祭の目的、ねらいです。ここを外してしまっては何にもなりません。


【学校行事の目標】

全校若しくは学年又はそれらに準ずる集団で協力し、よりよい学校生活を築くための体験的な活動を通して、集団への所属感や連帯感を深め、公共の精神を養いながら、第1の目標に掲げる資質・能力を育成することを目指す。
＊第1の目標とは特別活動の目標を指す（筆者注）

学校行事の内容には、①儀式的行事、②文化的行事、③健康安全・体育的行事、④旅行・集団宿泊的行事、⑤勤労生産・奉仕的行事があります。

文化祭は「文化的行事」に含まれますが、そのねらいは、「平素の学習活動の成果を発表し、自己の向上の意欲を一層高めたり、文化や芸術に親しんだりするよう

◎ホームルーム活動における学習過程（例）

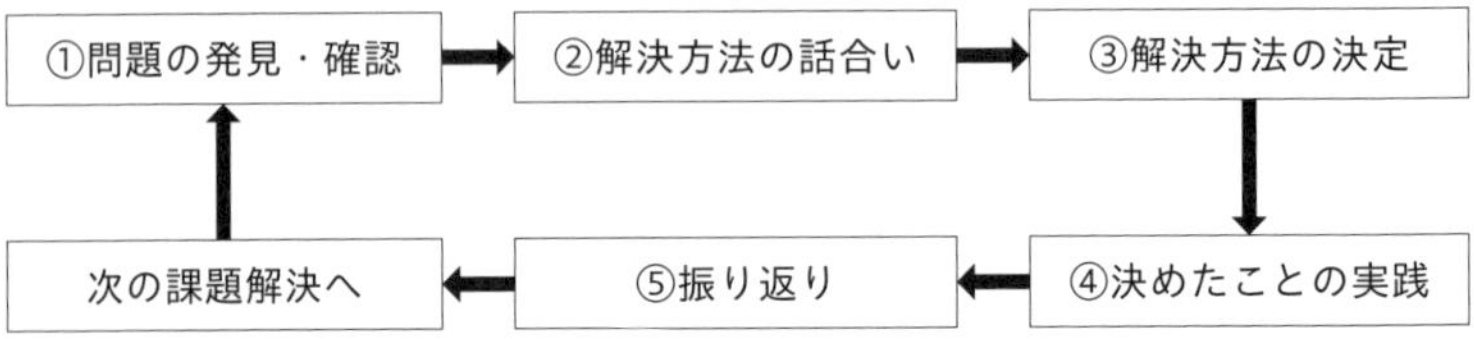

＊高等学校学習指導要領解説・特別活動編を参考に筆者が作成

にすること」としています。

こうしたことを踏まえると、文化祭を通して、①より良い人間関係を形成すること、②集団への所属感や連帯感を深化させること、③公共の精神を養うこと、④協力とよりよい学校生活を作り上げること、などを意識しながら、日頃の学びの成果を発表する場とすることが求められていると言えます。

4　文化祭の企画を決める際の教員の関わり

現在、文化祭について教員（担任）はどのように関わっているのでしょうか。２０２２年夏に開催された全国特別活動研究会（全特活）の研究大会では、進路多様校での文化祭に関わった担任の実践事例の報告がありました（注）。１年生の文化祭ではクラスの一部の生徒だけが準備をし、前日に一夜漬けのような付け焼き刃的なものになり、どうしたら生徒の企画力を高められるかを考え、２年生では担任の主導で取り組みました。それは、①どんな文化祭にしたいかで「こだわる」、②役割分担の仕方と仕事内容を提案する、③準備の見通しをもたせる、の３点を示すことで、生徒の姿勢に変化が見られ、３年生では担任の見守り（関わり）は減り、主体的に文化祭に参画する生徒が増えたと言います。

進学校などいわゆるトップ校と呼ばれる学校の生徒は、教員の関与が少なくとも積極的に学校行事に関わる姿勢をもっていますが、教員の指導が不可欠な学校が多くあるのも事実です。そうした学校では担任が様々な工夫をしながら生徒と関わっていますが、その時間と労力の大きさのため、生徒の「自主性」を理由に放棄してしまう例もないとは言えません。

「生徒の主体性、自主性をどのように育てるのか」は永遠のテーマです。

この点について、高等学校学習指導要領解説・特別活動編「第4節　特別活動の指導を担当する教師」には、「ホームルーム活動を始め、特別活動の教育的な成果のいかんは、指導に当たる教師の姿勢に影響されるところが極めて大きい」として、指導に当たる教師が留意すべき点を6点挙げています（左記参照）。

①人間的な触れ合いを基盤とする
②生徒と共に考え、共に歩もうとする教師の態度
③温かな態度、公平・受容的で生徒に信頼される
④教師の教育的な識見と適正な判断力と時として毅然とした態度
⑤生徒の自主的、実践的な活動を助長し、生徒の創意工夫を引き出す指導
⑥人間関係の的確な把握と人間尊重に基づく望ましい人間関係の構築

＊「高等学校学習指導要領解説・特別活動編」P125を筆者が要約

「自主性（主体性）」と教員の指導との関係については、「教員の指導が不可欠であり、教員の適切な指導により、生徒の自主性は次第に育っていくもの」と言えます。高校での1年間、3年間のスパンで捉えると、1年の入学当初は生徒の自主性は十分ではないため、教員が指導していくことで、1年の最後には生徒には自主性は育っていて、教員の手を離れていく。それを3年間で見ると、1年生より2年生、2年生より3年生になることで、教員の指導は少なくなり、生徒は自分たちで適切な行動を自身で考えて行うまでに成長するものということです。

つまり、生徒の自主性と教員の指導は反比例の関係にあると言えるでしょう。「生徒の自主性（主体性）は

育てるもの」との認識で生徒指導に当たることが大切です。

さらに、高校においては、特別活動の成果が卒業の要件になっていることを教員としては意識して指導に当たることも大切です。

・卒業までに修得させる単位数

学校においては、卒業までに修得させる単位数を定め、校長は、当該単位数を習得した者で、特別活動の成果がその目標からみて満足できるものと認められるものについて、高等学校の全課程の修了を認定するものとする。この場合、卒業までに修得させる単位数は、74単位以上とする。（以下省略）

＊「高等学校学習指導要領」第１章総則第４款　単位の修得及び卒業の認定より

5　コロナ禍の文化祭で生徒の自主性を育てる

新型コロナウイルス感染症の感染拡大によって、高校生にとって学校生活で大きなウエイトを占めていた特別活動は大きな制限が加えられることになり、これまで当たり前だと思われていた学校生活は決して当たり前のことではないことを知ることになりました。２０２０年度は文化祭、体育祭、合唱祭などの学校行事はほとんど中止となりました。２０２１年度にはオンライン開催や学年別開催など工夫しながら学校行事が行われましたが、保護者も含め一般公開はできなかった学校が多かったようです。２０２２年度になると、感染者の減少に伴って保護者や中学３年生など入場者を限定しながら開催した学校も増えてきましたが、こうした措置を教員主導で決定したのか、生徒を交えて話し合って開催したかでは大きな違いがあり、生徒の学校行事向けた意欲にも関係するのではないかと思います。

こうした時にこそ、高校生の力を発揮させ充実した学校生活を送ることができる機会としたいものです。

かつて筆者が校長として勤務していた頃の経験から、「月刊高校教育」（学事出版）に掲載された内容を以下に引用します。

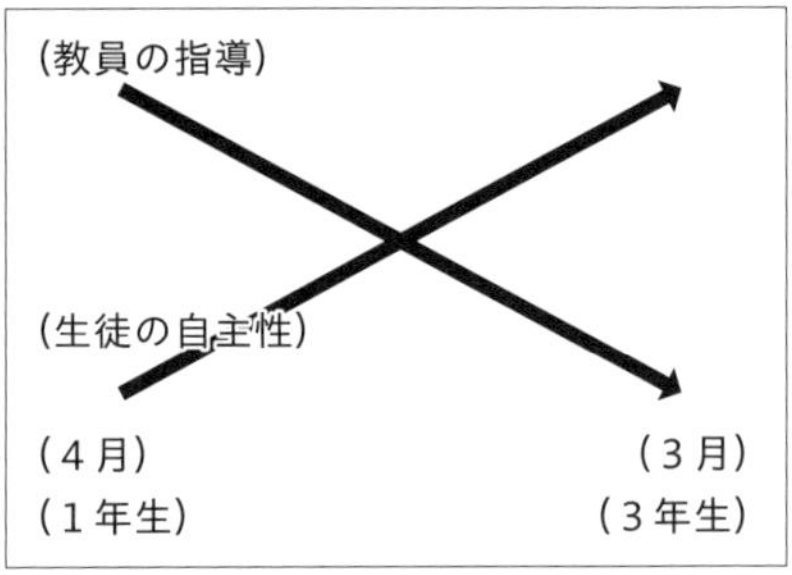

【生徒の自主性と教員の指導の関係】

２０１１（平成23）年3月11日に発生した東日本大震災とそれに伴う福島第一原発事故により、当時の首都圏は電力不足が大きな課題となった。東京都では都立学校に対して前年度比15％減を目標に掲げ節電を呼びかけ、文化祭の実施に際して、14時から16時までの消費電力を抑えることなどを含む取組の工夫について通知が出された。私は、この通知を文化祭実行委員会の生徒に示し、「この通知を踏まえ、どんな文化祭ができるのか検討してほしい。議論を尽くして出した結論は校長として尊重する。」と伝えた。勤務校の文化祭は全クラスが演劇・ミュージカルを一日4公演行う。特に3年生の演劇はクオリティが高く、整理券がないと入場できない程の人気だった。１教室に観客１００人を入れるため、文化祭当日は冷房全開だった。

この通知を受け、生徒が出した結論は、①地震対策のため、入場者は80人にし、②節電対策のため、14時までに公演は終了する。③3公演にして入場者を制限する。そのため一般公開はせず、チケット制にする。というものだった。例年二日間で約7千人が訪れる文化祭のあり方を大きく転換する内容だった。私は校長として、生徒が出した結論を大事にしようと、その方針に従ってこの年の文化祭は上記の①〜③の方針に基づいて実施した。当時は、「他校は今までと変わらず実施するのに、そこまでしなくても」という声も聞かれた。

その結果、節電の効果は前年比で44％の減少に抑えることができるとともに、後夜祭では3年生の生徒が「こうした我が校の伝統を継承してほしい。」と下級生を前に熱く語り、校歌の大合唱でこの年の文化祭は生徒の心に残るものとなった。

振り返ると、当時、あのような結論を導き出した生徒は、東京都の通知を踏まえ、文化祭の内容・方法について話し合い、合意形成・意思決し、活動を実施するといった特別活動の学習過程を経たものであった。

コロナ禍の現状では、もっと厳しい条件が課されているが、今こそ、特別活動で生徒に身に付けさせたい資質・能力を育てる好機ではないかと考える。

＊「月刊高校教育」２０２０年８月号「ウィズコロナでの特別活動」より抜粋

コロナ禍における文化祭はどうあったら良いのかを生徒を交えながら考え、新しい時代に合った文化祭のあり方、内容を検討していくことは大変意義深いものです。そうした際には、管理職（校長）のリーダーシップが大きな要素となることはもちろんですが、教員の意識と生徒との関わり方がとても重要になると思います。考察編や実践編に寄せられている先生方だけでなく全校各地の先生方の実践の交流が進んでいくことが待たれます。

（注）『特活の研究』60号（全国特別活動研究会：２０２２年11月５日）

〈参考・引用文献〉

・文部科学省『高等学校学習指導要領（平成30年告示）解説・特別活動編』（東京書籍）
・紫友同窓会　五中・小石川百年史編纂委員会『立志　開拓　創作　百年の系譜』
・「月刊高校教育」２０２０年８月号（学事出版）

文化祭—生徒の熱量変換装置—を点検する
理論編②
縁
1A
日
東京外国語大学
小西悦子

文化祭——生徒の熱量変換装置——を点検する

東京外国語大学（非常勤講師）
小西悦子

国語教師として私立・公立９校を経験。50代半ばで大学院に入学し、教育学を専攻（特別活動）。実務家教員として拓殖大学・玉川大学の非常勤講師を担当。担任学研究会理事。座右の銘は「一陽来復」。

1　文化祭と高校教師を取り巻く現状

文化祭という単語を辞書で引いてみると、「大学や高校・中学などで学生・生徒が主体となって展示、公演、討論などを催す行事」[1)]と書かれています。俳句では秋の季語ですが、地域によっては６・７月に実施するところや、４・５月に行う学校もあります。高等学校の場合、学園祭と称したり、または各学校独自の名称だったりします。

文化祭数日前になると、教室が一変します。クラスＴシャツに着替えた生徒たちは自分の机と椅子を廊下に搬出し、教室後方に立てかけておいた大道具を引き出します。暗幕を持ち込んだ生徒が背の高い男子生徒を手招きし、ホームルーム担任（以下、担任）に外出を許可された生徒は、買い出しの仲間を募ります。廊下でダンスの振り付けを確認する女子グループの真剣さは、授業中に見せる表情とは別ものです。これらの生徒たちから立ち上る熱量は、いったいどこから来るのでしょう。

文化祭はいつもと違う自分になれる体験活動です。生徒たちの学校生活を彩る学校行事の中でも、とりわけ思い出に残るものの一つが文化祭です。生徒がもつ純粋なエネルギーの熱気を直に感じることができるのは、教師冥利に尽きると思います。

ジブラルタ調べによる「教員の意識に関する調査２０２２」[2)]では、小・中・高・特別支援学校に勤務する２０００名の教師が「最も楽しみにしている学校行事（単一回答形式）」に回答しています。その上位10位のうち、1位から順に、卒業式、修学旅行、運動会・体育祭、文化祭・学園祭、遠足、となっています。ところが、高等学校・特別支援学校における「準備や運営に最も苦労している学校行事（単一回答）」の回答結果を見てみると、第1位が、文化祭・学園祭となっていました。この主な理由が「準備や練習に時間が取られる」から、ということでした。

１９７２年に施行された「公立の義務教育諸学校等の教育職員の給与等に関する特別措置法（以下、給特法）」では、公立学校の教員に原則時間外勤務を命じてはいけないことになっています。けれども、その例外4項目が政令で定められていて、その一つが「修学旅行その他学校の行事に関する業務」なのです。

施行から２０００年頃までの文化祭関連の書籍を紐解くと、校内暴力やしらけムードが蔓延する時代でも、大がかりな展示制作を通して生徒たちの一体感を目指した指導や、生徒たちが討議を重ねて、テレビのパロディ企画を質の高い内容に変えていった、という実践記録がいくつも収められています。加えて現在までには、部活動と文化祭を生徒募集対策の一環として重点化させていく学校が増えました。いずれにせよ、どこの学校でもそれなりの準備と時間を要する行事であることに異論はないでしょう。

さて、令和に入って給特法の施行時から50年が経ちました。学校に対する社会の要請も膨らんだ結果、たくさんの○○教育という分野が生まれ、それが次々とホームルーム活動に投げ込まれています。さらに大量退職者時代を迎えて、異動希望が多い職場になると、文化祭の伝統を語る教員が残っているとは限りません。そこで本稿では、担任が文化祭に関わる時に直面する問題について考察することにします。

2 実施に向けた様々な課題

文化祭の教室ごとに凝った装飾の催し物や、派手なコスチュームをまとう呼び込みの生徒を見ると、それはあたかも子どもが遊ぶためにひっくり返したおもちゃ箱の世界のようです。

しかし、その直前1週間から文化祭当日、そして後片付けまでの期間（以下、文化祭集中期間とする）は、校舎内で、ヒトとモノとカネが一気に動き出すことになるのです。

（1）ケガの発生

表1は、日本スポーツ振興センターが2005年から2018年までの文化的行事で障害が残るけが（あるいは死亡）によって災害共済給付を支給した事例をまとめたものです。生徒同士のふざけ合いだけでなく、工具の扱いを誤った場合や、機材搬入時、または机を積む城塞の設営時に、どの学校でも「ヒヤリ・ハット」が発生しているのではないでしょうか。

表１　2005年から2018年までの文化的行事において災害共済給付を支給した障害・死亡事例

発生場所	災害発生時の状況	障害の残った部位
校庭	文化祭中に、校舎外横で本生徒が倒れていた。校舎から転落したとのことで、職員と養護教諭が担架・救急バッグを持って、現場に急行し救命処置をした。意識は鮮明で、右上腕部の骨折が確認できた。その後、救急隊により病院に搬送、検査と治療を受けていたところ、急変し同日死亡した。	全身打撲(死亡)
校庭	文化祭撤去作業中、展示物を固定していた、木とガムテープをはがす作業を始めたところ、本生徒がベランダに出た直後、バランスを崩し、１階の排水溝部分に転落する。	外貌・露出部分の醜状障害
教室	文化祭当日の準備中、天井の飾り付けをするために椅子に乗って作業をしていた際、バランスを崩し転倒し、顎を床に強打した。	外貌・露出部分の醜状障害
教室	文化祭の片付け日で、ひもで固定し作った壁を解体する作業をしていた。一番下の段の固定用のひもが横一列切られていることに気付いた本生徒が残りの２つのひもを切ろうとしている別の生徒に注意しようと近づいたところ、積み上げられていた机とそれに立てかけられていたベニア板数枚が本生徒の左側に倒れてきた。右側にも机が置いてあったためその間に挟まれながら押し倒された。	精神・神経障害
教室	学園祭の前日準備中、他の生徒がガムテープを丸めたものを投げて遊んでいたが、近くで作業をしていた本生徒が振り向いた時に目に当たり負傷した。	視力・眼球運動障害
教室	教室で文化祭の準備をしていたところ、他の生徒が振ったヤスリが顔面に当たった。	歯牙障害
教室	学園祭のジェットコースターのアトラクションで、箱に座ったところスタートの台（２ｍ以上）でバランスが崩れ、そのまま床に落下した。	精神・神経障害
実習実験室	文化祭準備中、機械科実習工場において、文化祭に出す１輪ざしの作成のため旋盤を使用していた際、誤って右手母指を切断してしまった。	手指切断・機能障害
昇降口	文化祭の片付け終了後、教室でふざけており、友人を追いかけて校舎を走っていた。友人が校舎の昇降口の扉を通過したときに、その扉が閉まったが、本生徒は勢いがついていたために止まることができず、扉のガラスに頭部から突っ込んで負傷した。	手指切断・機能障害

発生場所	災害発生時の状況	障害の残った部位
体育館	クラス活動で文化祭演劇発表の舞台練習中、照明補助を担当し、ギャラリーを移動する途中、フロアへの開口部のふたが開いていたことに気付かず落下した。事故当時は、館内の照明を消していた。	せき柱障害
体育館	ステージ発表のクラス対抗仮装大会のときに、本生徒がステージ上で後方宙かえりをしたら、着地の際に足元が滑って前方に転倒し、上の前歯をステージの床に強打した。	歯牙障害
体育館	文化祭の後夜祭で、本生徒は照明係で、スポットライトを当てる作業中に、隣で同じくスポットライト担当の他生徒が、ふざけてライトを向けた為、30cm程の距離から強い光を浴びた。数週間後にこの事故について本生徒からの訴えがあった。保健室で視力検査をしたところ、医療機関を受診するように指示した。	視力・眼球運動障害
体育館	文化祭中、入り口の付近に友人が居ることに気づき、ふざけて上履きサンダルを蹴り上げたところ、相手生徒の眼鏡に当たってしまった。その生徒の所へ行き謝ったところ、その生徒に右顔面を殴られ、右眼付近を痛めてしまった。	視力・眼球運動障害

(日本スポーツ振興センターのHPをもとに小西作成)

(2) 招きたい客と招かざる客

２０２２年7月19日に東京都教育委員会が公表した都立高等学校（２２７校対象）の文化祭一般公開[3]については、約38％の86校が「検討中」という回答でした。この時期の日本は新型コロナウイルスの第7波に襲われ、8月を前にして東京の感染者が連日約4万人に届くほどだったのです。ですから、夏季休業中における部活動練習や、合宿、講習・補習指導、生徒・保護者面談を始め、文化祭準備の予定が立てられない混乱があったと考えられます。

各校は、今年こそわが子の発表を見たい、と願う3年生の保護者の要望や、受験を考える中学生と同伴する保護者の参観も視野に入れて、公開の方法をぎりぎりまで検討していたのでしょう。しかし、それは準備の進捗状況や生徒のモチベーションに大きな影響を与えていたようです。

また文化祭開催中には、一部の在校生徒に対して悪質な声かけをしたり、流通目的の写真撮影を狙ったりする来校者が紛れていることがあります。そこで当日の教職員は、校門前や体育館などの警備を交代で担当します。

筆者の経験では、突発的な事故や事件が発生した現場に、教職員がすぐさま集合することは困難です。なぜなら、校舎の施設内外に分散している上に、各企画の演目を見学するときは携帯電話をマナーモードにしているからです。緊急放送を流すとなると、全ての企画の進行が遮断されるので、一般の来校者の対応も含めて、文化祭全体の混乱を招くことになります。最終的な管理職の判断を仰ぐには多少なりとも時間を必要とします。

(3) 金銭の徴収と支払い

全ての参加団体には、自治的な活動に基づいた援助金の計画的な支出と、実施後には売上金などを含む収支報告書の作成が義務付けられています。カード払いやポイント決裁が主になってきている現在、宛名や品目の記載に不備がある領収書だと、文化祭会計担当者から差し戻されてしまうので、買い出しに行く生徒に対して事前指導が徹底されていなければなりません。

また、模擬店では大量の硬貨のやり取りが発生します。責任感のある生徒が受付を担当しますが、当日にわずかばかりの金額が合わなくて、積み上げた小銭を何度も何度も数え直す様子は、担任として見るに忍びない場面と言えるでしょう。

クラスでＴシャツを購入するのならば、保護者宛の書類には、あくまでも任意の購入であること明記しておきます。同時に、副担任の購入の諾否と、生徒分の領収書作成、集めた現金の管理、そして業者への支払い納期や振込手数料についてなど、生徒を通して細かなやり取りが必要になってきます。

このように、文化祭という学校行事は（非公式とされる有志の打ち上げ参加も含めて）、生徒やその家庭に出費を求めているという現実があります。

なお、文化祭集中期間における現金の盗難は、生徒同士の信頼関係を破壊する行為です。作業中に校舎内の巡回を強化しても、生徒が油断して荷物を放置していたときに発生します。担任としては、未然に防止できなかった指導の甘さに対して、言いようのない悔いがついてまわるものです。

(4) 熱波と台風

9月に文化祭を実施する学校に関しては、ここ数年の新型コロナウイルス感染症の影響以外に、長年の課題を抱えていました。

一つ目は、異常気象による残暑の熱中症対策です。教室の企画で暗幕を使う場合、熱中症を起こさないように定期的に換気することは以前からの配慮事項です。ところが教室で演劇をする場合、観客がすし詰め状態になり、その熱気で室内温度が急上昇することも珍しくありません。ちなみに、筆者が東京で2000年から2019年までの20年間にわたる9月の週末計8日間（年によっては8月31日土曜日や10月1日の日曜日を含む）を調査したところ[4]、のべ約160日のうち50日が30度以上の夏日でした。こういう日の冷房の風は、なぜか生ぬるく感じます。

二つ目は、台風特異日（9月16・17日、9月26・27日）が、週末開催の文化祭に直撃する場合があることです。もちろん警報級大雨の時は、生徒の安全が第一です。しかし、文化祭実行委員など組織の中心にいる生徒は、自宅待機時間であっても準備のためにずぶぬれで登校してきました。こうまでしてやりたい文化祭とは、いったい誰のためのものなのでしょう。

3　教員全体で使用施設・時期・役割の見直しを

担任が前述のような問題に追われず、ゆとりをもってクラスの活動を見守ることができるようになるには、**会場施設・実施時期・仕事の負担**の三つの問題に切り込む必要があります。

一つ目は、施設（特に教室）の機能についての問題です。

そもそも教室は、クラス単位の生活空間でもあり、さらに教科の学びが何層にも折りたたまれている学習空間でもあります。これは教室の管理防災責任者である担任が、教科指導、生徒指導、行事指導を同時に担っていることを意味しています。ここに大道具や装飾やペンキ等の置き場としての機能が加わると、文化祭に対する生徒のモチベーションが上がるでしょう。しかし教室内がモノであふれているので、生徒の学習活動に対する集中力が散漫になり、心のゆるみと死角が発生します。そのため最近では、直前まで準備を公共スペースで行わせている学校もあるようです。

また、古い校舎の中には、電源、防音、空調、Wi-Fi環境などや、フックの設置など、現代の文化祭企画に適していない教室もあります。その上、壁面などに長年残されたままの削り跡や落書きが、後輩として使用する生徒たちの意欲を静かに蝕んでいたように記憶しています。

二つ目は、時期の設定です。

これは関東地方を中心とする問題かもしれないのですが、前述の東京都教育委員会が発表した都立高校の文化祭実施月は、９月と10月の週末に大半が集中しているため、同日開催の学校が多いのです。学校側の事情としては、どこも授業時間確保を謳うために、行事日程を折りたたむように組んでいます。夏休みの授業がない期間に準備をし、早々に文化祭を終えれば、勉強に切り替えることができます。従って、厳しい残暑や台風の時期でも強行せざるをえないのです。

高校生にとって、友人の学校の文化祭を見学に行くということは、それだけでも心がときめくものです。また、他校の文化祭のよさを直に見て体験したことを、自分のクラスでもやってみたいと思うはずです。しかし、週末の教員も、部活動指導や学校説明会で他校の様子に目を向ける余裕がありません。

三つ目は、担任のみならず、特定の生徒に仕事が偏ることの負担感です。

そもそも、リーダーの高校生は、体力的にも限界値を超えて企画を牽引しています。その責任感や教師の期待に応えようとした結果が思わぬケガにつながったり、クラス内の人間関係にひびが入ったりして、悩んでいる生徒の存在を担任は見逃していないでしょうか。

また、文化祭当日はいくつもの催し物が同時に行われているので、どこかで進行に遅れが生じると、関与している生徒のシフトに影響が出ます。

これらの3点の問題は、文化祭という「まつり」の陰で、担任以外には見えにくい構造が特徴です。しかし、コロナ禍で制限された教育活動の問題点を広く共有することで、今後改善のきっかけになるよう願っています。

4　生徒に対する話し合いの支援

ところで、クラスで文化祭の企画を決めるホームルーム活動の話し合いはとても重要です。ここでは初期段階で示しておくべき二つのポイントを考えました。

（１）集約ルールを示す

かつて筆者が担任していた3年生のクラスで、縁日・演劇・人探しなど企画案が次々に出ました。それらを絞り込む過程で、委員の生徒はオリンピックの候補地を決めるように下位から多数決で選ぶ方式（「繰り返し最下位消去ルール」）を採用しました。すると、最終的に票が割れて、筆者がひそかに本命としていた企画が1位にならなかったのです。受験で行事に消極的な生徒の棄権もあって、全員が納得する意思決定には遠い結果でした。

またある年には、特定の生徒のつぶやきがクラス全体に影響し、なんとなくその意見にまとまったのですが、その生徒が進路変更によって不在になると、誰も後をやりたがらないということがありました。

坂井（２０１５）は、「多数の人々の意思をひとつに集約する仕組み」であるさまざまな「集約ルール」について検証し、その中でＦＩＦＡワールドカップサッカーの予選トーナメントなどで採用されているボルダールールの有用性を取り上げています[5)]。この方法を採択に活用すると、たとえば「選択肢が三つ」の場合、「配点を上から3点、2点、1点のように等差に刻む」というものです。しかも一度に第2、第3希望なども書くので、票割れが発生しません。また、生徒の棄権を認めないので、クラス全員の総意が反映される意思決定になります。

（２）話合い活動の火起こしをする

高校の担任は、生徒が小・中学校で行ってきた話合い活動を見る機会が少ないかもしれません。生徒一人ひとりの意見を認め合うことができるクラスづくりが必要なのは言うまでもありませんが、それでも手づまりなときには、手順を導くような助言が必要となるでしょう。ここでは川本（２０１８）が「日本特別活動学会会報第77号」で示した「話合いの例とその方式」（**表3**）を一部紹介し、そこに筆者のクラスのエピソードを重ねてみました。

①オーソドックス方式

文化祭の企画案の内容を考える初期の段階で用います。近くの席やグループごとで創造的な発想を出すための話し合いです。奇想天外なことや実現不可能に思われる意見も、どこかで繋がって採用できることがあるので、記録を取らせておき、あとで見返しました。

②原案方式

困りごとが発生した際、予め原案を作成して全員に諮る方法です。文化祭集中期間にクラス援助金が赤字になることが判明したので、担当の生徒が必要な金額を一人50円と試算して徴収する提案を示し、承認されました。

③A or B方式

参加団体で企画内容を決定する際や、有志枠で参加するかどうかの話合いなど、メリットとデメリットを整理し、メンバーの意思決定を図るものです。先のボルダールールの決定前に時間をかけて話し合わせました。

表３　話合いの例とその方式

	オーソドックス方式	原案方式	AorB方式	PCM方式
話合いの準備	準備に要する時間が非常に短い	活動準備が開始されてからの問題を取り上げる	話合いに至るまでに時間を有する	話合いに至るまでにやや時間を有する 目的、目標を明確にする
話し合う主な内容	・５Ｗ１Ｈ（実社会だと２Ｈ）の未定部分を決定していく（５Ｗ１Ｈを完成させる） 何をするか・どうやってやるか ・ブレーンストーミングのように、問題の解決策（具体的方法と内容）を出し合う	・原案にのっとり、運営上で問題になっていることの解決策等を決定していく（５Ｗ１Ｈはすでにある場合が多い） ・生活上で問題になっていることの解決策（共同の問題の共通認識とその解決）	・２つの対立意見の違いを明らかにし、抜本的な解決方法を考える ・複数の企画の違いや特徴を明らかにしつつ、１つに決定する	・事前に絞り込んだ提案に対して「何が個人や学級にとって最良の選択か」を考えていく
集団決定するもの	・５Ｗ１ＨのWhat（柱１）、How（柱２）、Who（柱３） ・問題の解決策（具体的な方法と内容）	・運営上困っていることの解決策 ・共同の問題の解決策	・ＡかＢか（価値の違いを明確にする） ・自分たちに必要なことは何か（複数の選択肢を２つの論点／ＡとＢで比較する）	・共有化された集団のビジョンの達成に向けて、最良だと考える選択肢
流れ	①柱１　What（何をするか） ②柱２　How（方法論） ③柱３　Who（役割分担）	①話し合いたいことが計画委員会もしくは提案者で用意されている ②それらの議題について順番に話し合っていく（形式化された流れがない）	①自分の主張 ②論点整理（２つの論点「ＡとＢ」で整理する） ③２つの論点に対する自分の主張やその変化 ④折り合いと集団決定	①自分の主張（肯定的見解） ②論点整理（主に３種類を使い分ける） ③提示された論点に対する自分の主張やその変化 ④集団決定
特徴	・話し合いまでの準備がかからない ・非常に取り扱いやすい ・対立が生じづらい ・議論を焦点化しづらい	・活動（実践）上、話し合う必要があって話し合うために、話合いが形骸化せず、真剣度が高くなる ・話し合う内容の焦点化（議題化）が難しい ・実践を重視	・話合いまでの時間がかかる ・論点整理には、司会者・教員に高度なスキルが必要となる ・対立が生じやすい ・論点がずれにくい ・必ず論点整理を行う	・ギヤップアプローチではなく、ポジティブアプローチ ・必ず論点整理を行う ・反対意見や不安点を出さないため、対立が生じづらい場合がある ・ビジョンの共有化が前提

（川本和孝「日本特別活動学会会報第77号」2018年、pp.4-7の表を一部抽出して小西作成）

④ＰＣＭ（Positive Consensus Meeting）方式

共有化された集団のビジョンの達成に対して、何が最良の選択かを考えることです。

かつて筆者のクラスでは、高校生自身が楽しめるという理由から、娯楽性の高い縁日に決まりました。そのせいか、文化祭集中期間に会場作りの設営が始まると、自宅から持参した玩具や皆で制作した遊具を見て、一部の生徒たちが「こども返り」を起こし、仕事がなおざりになっていました。見かねた他のグループがついに怒り出し、厳しい雰囲気に包まれました。ここで、何のための文化祭なのか、誰のための文化祭の企画なのか、を話し合う必要性が生じたのです。

その学校は、受験を考えている小学生とその保護者、さらに祖父母の三世代が多く訪れる中高一貫校でした。生徒たちは小学生にとって高校生がどのような存在に見えるか、あるいは、家族はどのような思いで子どもに付き添って来ているのかを考えました。これらの結論として、ゲストの前では膝を折って決めポーズをすることと、小さな子どもたちには目線を合わせて案内しよう、といったおもてなしの方法が提案されました。

文化祭２日目、一般公開の開始時間を待つ生徒たちは、腕を伸ばして駆け寄り、円陣を組んでミッションを確かめ合っていたのです。

5　まとめ──担任の応援メッセージを具体化させる──

文化祭は「違う誰かになる体験」が醍醐味だと言えます。いつもと異なる自分の姿を仲間に認めてもらうのは、ちょっと恥ずかしい反面、同時に誇らしくも感じるものです。また、ＰＣ操作や音楽の編集など自分の得意なことを通して役に立っているという喜びも体験できます。つまり、文化祭は平素の人間関係や上下関係、価値観を変換させる装置であり、それによって他者理解を育成する体験活動なのです。もちろん教員も、生徒の熱意のスイッチを押す役目でありながら、躍動感や達成感を味わうことができる装置の中にいます。

コロナ禍によって、どの教員も生徒も文化祭の意義や課題の所在を考える。この点検を経て、さらに担任の生徒へ対する指導改善の手立てを四つ提案します。

①３学期をリーダー育成の準備期間にあてる

どんな学校にも皆のために役に立ちたいと思う生徒が存在します。また、４月の委員や係決めのときには、新クラスで緊張してしまい、立候補できなかった生徒がいたはずです。そこで、前年度３学期の学年末考査後のＬＨＲで、今年度の文化祭映像を上映し、仲がよい生徒たちに「どうだった？　いま振り返ってみて」と意見を聞き出します。一人が無理でも、友だちと一緒なら考えられる生徒を発掘するのが目的です。またクラス替えのときに、候補になる生徒を分散させることも大切です。学校の実態に合わせてゴール設定を２学年か３学年にするか、学年団で共有します。

②日直日誌を効果的に活用していく

担任は日直日誌やクラスの文化祭新聞等に、ホームルーム活動等の話合い活動で決まったことへのコメントや、今後の準備活動を見通した助言、さらには活動中の諸注意や生徒たちへの願いを書いていきます。話した言葉は消えていきますし、全員が覚えているとは限りません。しかし、交代する日直が前の記載内容を見返す度に全員が経緯を再確認できる効果があります。

③他の学校と繋がってレベルアップを目指す

元同僚などのネットワークをたよりに、放課後、他校の文化祭実行委員会と遠隔会議を開催します。文化祭の開催日程が重なって見に行けなかった生徒も、他校の学校文化を知ることができます。説明する側の学校の生徒も、文化祭映像を見ながらそれまでの活動を振り返り、プレゼンテーション力を向上させることができます。また、クラスで企画を決める前に、他校のホームページ等で活動を調べさせ、動機づけを高める指導も一手です。

④地域の人に応援してもらえるチャンスを作る

２０２２年に実施した高校の文化祭は、体育館で学年ごとに集まって演目を鑑賞するところが多くありました。教室で同時展開するのではなく、見る側、発表する側が一箇所で向き合える小学校や中学校型の方法が選択されたのです。

また生徒の文化・学習活動の成果を文化祭に焦点化させるだけでなく、地域の各種イベントで披露することへ展開させてはどうでしょう。専門分野の企業との連携ができれば、教員が及ばない技術や制作のアドバイザーとして、生徒たちの熱意を支えて下さることもあると思います。

文化祭は、生徒たちが創造的な活動を通して連帯感や帰属感を獲得できる学校行事です。文化を創造する生徒もそれを支援する教員も、そして文化祭に関わる全ての人が、心豊かになれる体験活動でありたいものです。

〈注及び参考文献〉

1）『日本国語大辞典第二版』小学館　２００２年。

2）ジブラルタ生命調べ「教員の意識に関する調査２０２２」２０２２年８月８日（https://www.gib-life.co.jp/st/about/is_pdf/20220808.pdf）、２０２２年11月30日閲覧。

3）東京都教育委員会「令和四年度授業公開・学校説明会等の日程一覧」２０２２年７月19日（https://www.kyoiku.metro.tokyo.lg.jp/school/high_school/schedule/files/open_school2022/10.pdf）、２０２２年９月15日閲覧。

4）東京管区気象台「天気出現率」（https://www.data.jma.go.jp/tokyo/shosai/bocho/tenki/link.html）、２０２２年９月20日閲覧。

5）坂井豊貴『多数決を疑う　社会的選択理論とは何か』（岩波新書、２０１５年）

・家本芳郎編著『子どもが主役の学校行事４　文化祭・文化諸行事』（あゆみ出版、１９８０年）

・家本芳郎・丸山博道編『文化祭展示・装飾ハンドブック』（学事出版、１９９２年）

・日本演劇教育連盟『演劇教育実践シリーズ③学芸会、文化祭を創る』（晩成書房、１９８８年）

・川本和孝「日本特別活動学会会報第77号」（２０１８年、pp.４-７）

第2章

考察・実践編

文化祭を生徒も楽しむ、教師も楽しむ

文化祭を生徒も楽しむ、教師も楽しむ

東京都立江北高等学校
細川笑子

現任校4年目、主任教諭。中学校で3年勤務し、その後高校へ異動。一番力入れていることは、部活指導です。生徒主体で活動し、誰からも応援してもらえる強いチームになることを目標として活動しています。

1 はじめに

文化祭をはじめとする学校行事は、生徒を大きく成長させるものだと考えています。3年前に突如として現れた新型コロナウイルス感染症の影響で、学校から全ての学校行事がなくなると共に生徒の笑顔も奪われました。学校では、学習だけではなく、全ての活動が生徒にとって大切なものなのだと実感しました。いままで、当たり前のように上級生が下級生を指導し、行事を行っていましたが、コロナによって繋がりが切れてしまい、積み重ねていくことの大切さなども痛感しました。全て一からのスタートとなり、毎年やり方を変え、安全面に配慮しながら行事を成功させることはとても大変なことでした。コロナ禍を機に、学校行事との向き合い方も変わってきました。考えなければならないことが、たくさんあります。私たち教師も、行事に向き合っていかなければなりません。しかし、**教師も楽しむことができれば、必然と生徒も楽しむことができるはず**です。

2　私の考える文化祭の意義

文化祭は、**生徒が主体となって自分たちのやりたいことを考え、発表する場**であると考えます。そして、**どんな形であれ参加することに意義があるの**だと思います。文化祭は、学習以外のことを学ぶ、大きなチャンスです。また、生徒が主役のお祭りであるとも考えることができます。当日成功することだけが目的ではありません。**発表するまでのプロセスが、とても大切**です。発表まで、どのように考え仲間と行動することができるかなど、生徒一人ひとりが成長できるチャンスがたくさんあると思います。もちろん、当日に発表を成功させることも大切ですが、失敗したとしても、そこまでのプロセスで、どのようなことを考え行動してきたかが重要だと思います。生徒が、何をやりたいのか、そして、それを成功させるためにはどのようなことを考えなければならないかなど、教師は導いていかなければなりません。

学校の特徴により、教師の関わり方も変わってくると思いますが、**基本は、生徒の考えをじっくり聞き、サポートすること**です。生徒自身が考えて行動したことが、成功したり評価されたりしたときに、「やり切った感」を味わうことができるのだと思います。そして、この力が次へのステップになるはずです。誰でも褒めてもらえると嬉しいものです。大人であっても、褒めてもらって嬉しくない人はいないと思います。教師は、じっくり生徒の活動を見守り、良いものについてはたくさん褒めてあげることができたらいいと思います。生徒間でも温度差がありクラス全員が同じ方向を向くことは難しいことです。少しでも、関りをもち文化祭に参加した証を残すことができたら良いと考えます。**どのような形であれ、全員が参加することが大切**だと思います。

3　文化祭で印象に残っているエピソード

（1）後夜祭の出場にオーディションを設けた事例

ある年の文化祭の出来事です。後夜祭をどのように開催するか、実行委員会で話し合ったときのことでした。生徒たちから「後夜祭に出る団体の、オーディションをやりたい！」と声があがりました。それまでは、オーディションはせず、出場したい団体が様々なパフォーマンスを披露していました。なぜ、オーディションが必要なのかをたずねると、「昨年の後夜祭は楽しむことができなかった。演奏がひどかった。もっと上手に歌ってほしい」という要望でした。実行委員は、内輪だけでなく生徒たちが心から楽しめる後夜祭にしたいという強い思いがあったようです。教師側は、オーディションが成立するか不安もたくさんありましたが、実行委員に任せることにしました。

いつ、どのようにオーディションを開くか。オーディション開催の周知は、どのように行うか。また、審査は誰が、どのように行うかなど、細かく計画してくるよう指示を出しました。実行委員の生徒は、担当メンバーでしっかり話し合いをもち、様々なことを決め、計画を立ててきました。この年の後夜祭出演希望団体は多数あり、オーディションにも時間がかかりましたが、昼休みを利用してオーディションを開催し、出演団体を決定することができました。出演団体が決まったあとも、落選した団体もどこかで出演するチャンスがないか、試行錯誤しながら考え、多くの団体の出演が決定し、生徒が楽しめる後夜祭を作り上げることができました。

この時、私は、生徒は未知の力をもっているのだと、再確認することができました。**生徒がやってみたいと思っていることを実行させてあげることも必要**なのだと感じました。

（２）全員で一つの作品を作り上げた定時制の事例

定時制の文化祭では、全員で何かを作るという経験に乏しく、やりたい人だけが参加するというような雰囲気がありました。せっかく４学年揃っているのですから、全校生徒で楽しむことができればと、生徒会に話を持ちかけました。生徒会の生徒たちは、文化祭を成功させたいという気持ちでいっぱいでしたが、全員が参加して作る文化祭は難しいと考えていたようです。

じっくり時間をかけ、何ができるかを生徒と一緒に考え、全校で一枚の大きな絵を作り上げようということに決定しました。ただ絵を描くのではなく、ちぎり絵にして一枚の絵を完成させました。地道な作業でしたが、給食前や総合、ＬＨＲの時間を使って、和紙を一枚一枚貼り、作品を作り上げていきました。生徒がお休みする日もあり、和紙を貼る前の下絵を作り上げることにもかなりの時間を要しましたが、地道にみんなで声をかけ合うことにより、大きな絵を完成させることができました。文化的行事には積極的に参加しない生徒たちにも、何とか一枚の和紙を貼らせ、全校生徒での作品を作ることができました。作品ができたときは、大きな達成感を生徒が感じることができ、本当に嬉しかったのを覚えています。時間はかかるけれど、粘り強く取り組めば、成功に繋げることもできると実感したときでした。

（３）２年生での反省を３年生に活かした事例

２年・３年とクラス替えのない学校での経験です。２年生での発表は、希望していなかった体育館の割り当てになってしまい、この時から悲劇は始まっていました。大きな体育館での発表は、誰もが不安でいっぱいでした。中心となる生徒たちには、発表のイメージは出来上がっていたようですが、クラス全員には伝わっておらず、作業は難航しました。2年生ということもあり、クラスには各部活動の中心で活動している生徒が多くいました。特に文化祭で活躍する、文化部やダンス部に所属している生徒が多く、クラスの活動にはなかなか参加できず、何をやったらいいのだろうかという空白の時間ばかりが過ぎていきました。このままではダメであるということはわかっていたようですが、なかなか行動がともなわず、担任である私もしびれを切らし、作業を進めるよう声をかける事態になってしまいました。

ステージ発表の割り当ては40分ありましたが、やっとの思いで20分の発表作品を作り、当日を迎えることができました。当日は、何とか人様に見せることができるものにはなりましたが、中身のない文化祭の発表となってしまいました。今回の発表は、いままでに行われていなかった発表だったので、周りからは「いい発表だった」とお褒めの言葉をいただきましたが、この時、「来年はリベンジさせるぞ！」という思いでいっぱいでした。高校生活最後の3年生の文化祭を成功させるためには、今年のような取り組みではダメであるという話を一年も前からすることになりました。2年生での文化祭の失敗を繰り返してはほしくなかったので、常にその話を生徒に伝えていきました。

一年後の文化祭では、2年生の時の反省をしっかり活かし、計画的に、そして効率的に文化祭の準備を進め、当日を迎えることができました。じっくり取り組んできた甲斐があり、発表は成功することができ、たくさんの賞をいただくことができました。生徒は、やり切った感で満足気な顔をしていました。2年がかりの文化祭発表でしたが、失敗を失敗のまま終わらせることなく、締めくくれたのが本当に良かったと思いました。

（4）文化祭実行委員会で手掛けた学校装飾の事例

新型コロナウイルス感染症により、いままでの文化祭を知らない生徒たちによって学校全体の装飾を考え、実践したときのことです。以前の文化祭に参加したことも、中学校時代に高校の文化祭を見学したこともない、未経験の生徒が集まって試行錯誤して、学校の装飾を行いました。いまはインターネットで調べることで、多くの情報を得ることができます。この時は、インターネットに大変感謝したものです。

文化祭に向けての生徒の考えは、久しぶりの行事なので、日常の学校とは違う空間を作りたい、ということが一番の目標でした。この年の文化祭は、学年ごとに体育館での発表を行ったため、装飾する場所を限定することにしました。そこで考えたのが、体育館と体育館の入口、そして、生徒がいつも使用しているメインの階段周辺に絞ることにしました。全てのクラスが、体育館での発表ということもあり、「体育の授業を感じさせない雰囲気をつくるためにはどうしたらよいか」また、「演技する人の邪魔になったりしないようにするためにはどうしたらよいか」など細かく計画を立てました。実行委員会が行う装飾は、実行委員の担当者のみで行うため、文化祭直前に、この仕事だけを行うわけにはいきません。実行委員ですから、クラスの作業も中心となり進めなければならないのです。担当者としては、計画を早く立て、夏休みを有効に使い、夏休み中に作業を終わらせるように指導しました。生徒は、それぞれの講習や部活の日程を調整し、役割分担を行い、全員が揃わなくてもできる仕事と全員が揃わないとで

スローガンを描いた階段絵

きない仕事に分け、効率よく仕事を進めていたと思います。予定通り、夏休みを有効に使うことができ、夏休み中に装飾はほぼ完成しました。実際に行った装飾は、階段の階段絵と手すりの装飾でした。体育館については、天井から6枚の布を吊り下げ、ギャラリーの手すりに結びつける装飾をしました。巾1メートルの布をつけることで、いつもとは全く違う体育館となり、生徒も満足気でした。体育館の入口には、風船のアーチを作りました。

文化祭は学年ごとに行われましたが、この作業は、1年生から3年生までの実行委員が協力して行うことができ、縦のつながりも体験することができました。この年の装飾は、学校全体でも高い評価を得ることができ、更にいつもの授業とは違う空間での文化祭を行うことができました。多くの制限の中、生徒は様々なことを考え、自分たちで作り上げた文化祭での装飾活動だった思います。

発表ステージである体育館に大きな布をはっての装飾

(5) 節電で電気が使えなかったピンチの文化祭の事例

定時制の文化祭では、飲食販売が中心に行われていました。震災のあった年のことです。この年は、節電で、ホットプレートを使用しての調理ができないことが決定し、いつもと同じことができなかったのです。この時、私は2年生の担任をしていました。1年生の時は、飲食販売を行い、ほとんど他の出し物を見学することができませんでした。

そこで、教師側から、文化祭当日は、じっくり他の出し物を見学することにしてみてはどうかと提案しました。生徒は、せっかくなので高校の文化祭を昨年とは違う角度から楽しみたいということになり、文化祭当日までにできることを考え、定時制ブースの装飾を一手に引き受けることにしました。看板を作成したり、定時制のブースは休憩場所でもあったので、テーブルにはランチョンマットを作ったりと様々なことを行いました。中でも、切り絵をラミネートして作ったランチョンマットが好評で、作成していたときも、生徒は夢中になって作業をしていました。普段は落ち着いて授業を受けることができない生徒も、黙々と取り組んでいました。電気が使えないというピンチはありましたが、思っていた以上に楽しい文化祭を行うことができました。

4　若手の先生に伝えたいこと

文化祭は、生徒が主となり楽しむものだと思いますが、**教師も一緒に生徒と共に楽しむことが必要**だと考えます。担任であれば、クラスの企画に参加することです。**教師目線だけではなく、生徒と同じ目線で参加することが大切**だと思います。一緒に楽しむのですが、こちらの意見ばかりではなく、生徒の意見をよく聞き、じっと見守ることも大切です。教師は、教えることが仕事ですから、ついついいろいろなアドバイスをしてしまいがちです。生徒の声をよく聞いていると、生徒なりに様々な考えをもっていることがわかりますし、人間関係なども新たに発見できたりします。若いときにしかできないことを、生徒と一緒になって活動することができるといいと思います。

定時制に勤めていたときの出来事です。この学校は、全日制と定時制の生徒が同じ日に文化祭を行っており、定時制は例年、飲食の販売を行っていました。私が担当した学年も、他の学年と同様に飲食販売として、チヂミ焼と飲み物の販売を行いました。女子を中心に調理を行い、男子が販売するというスタイルで文化祭に参加しました。一日２００食販売するという目標で、朝から午後までずっと鉄板の前でチヂミを生徒と一緒に焼いていました。文化祭本番まで、何度も試食会をやったり、違うものを作るのはどうかと試作品を作ったり、文化祭までの日々も生徒たちと楽しんだのをよく覚えています。普段は、じっくり話をする時間もなかったので、この時は、じっくり話をする時間も作ることができ、良い時間を過ごすことができました。定時制では、全日制と違い、生徒が学校にいる時間も短いため、行事での生徒との関わり合う時間はとても大切な時間でした。

先輩の先生に言っていただいた言葉があります。「**そのときの年齢に応じた指導をすることが大切である**」。背伸びをすることなく、いまの年齢に応じた、その年齢でしかできないことがあるのです。若さを武器にして、生徒と共に取り組むことによって、得ることもたくさんあるはずです。失敗してもいいと思います。できなかったら、生徒に謝ればいいのです。若さを武器にして、生徒と一緒になって文化祭を楽しんでほしいと思います。**私たち教師が楽しめると、きっと生徒も楽しい気持ちになるはず**です。

5　まとめ

いままでも、学校行事の大切さは理解していたつもりですが、実際にコロナ感染症により学校行事が全てなくなってしまったときに、改めて学校行事の大切さと必要性を実感しました。また、**生徒が本当に文化祭をはじめとする学校行事が大好き**であることもわかりました。黙々と授業のみをこなす学校生活だけでは、生徒の笑顔もほとんど見ることができません。学校生活中での文化祭は、とても重要なものであり、なくてはならいものであると感じます。これから先も、生徒と共に文化祭を心から楽しんでいきたいと思います。

正解のない文化祭で教員がすべきこと、すべきではないこと

考察編②

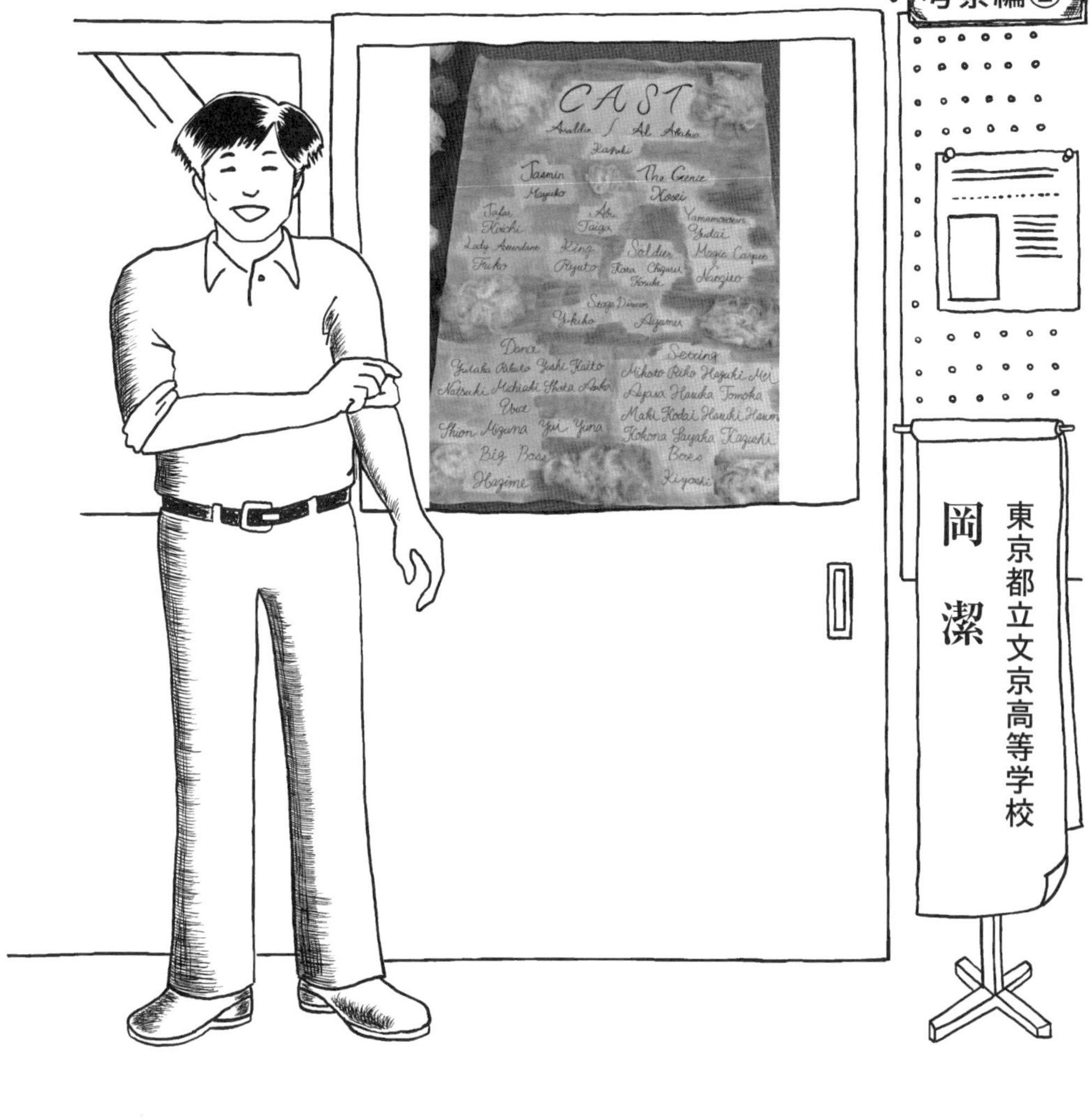

東京都立文京高等学校
岡 潔

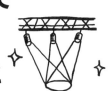

正解のない文化祭で教員がすべきこと、すべきではないこと

東京都立文京高等学校
岡　潔

勤続37年。教育困難校から東京都内有数の進学校まで幅広い学校での勤務経験をもち、現在は文京高校で6年間勤務。担任2巡目の現3学年で、これが最後の担任と考えている。

1　はじめに

東京都立高校に就職して37年ほど経ちます。定年を迎えるにあたって、これまで勤務してきた5校での文化祭を通して自分なりに考えてきたことを述べてみます。私の結論としては、**可能な限り教員は口出しをしない、これに尽きる**と思います。可能な限り、というのは生徒が自分たちの力で運営できる力をもっているという意味です。そして、**最終的な出来不出来は問題ではない**のです。とにかく生徒が作る、運営する、教員は手を出さない、ということを考えていきたいと思います。

2　文化祭で印象に残っているエピソード

プロフィールに書きましたが、私の経歴は自分ではかなり面白いと思っています。所謂「水平異動」というものがなく、エレベーターに乗っているような垂直の異動を繰り返してきました。そのため、様々なレベルの文化祭というものを経験することができたのです。私の文化祭への関わり方を決定づけてきたことなので、それぞれの高校の文化祭について、印象に残っていることを書いていきます。

（1）A高校（年齢層の幅広い定時制）

定時制で当時としてはある程度の規模をもつ学校でした。生徒の年齢層も幅広く、昼間は勤めている生徒も一定数在籍していました。登校して下校するまで4時間程度（居残りをしても5時間程度）しかないため、文化祭といっても準備にかける時間はほとんど無く、また忙しい生徒たちのやる気というものも見られず、毎年なんとなく過ぎていく印象でした。

ところがある年、学年合同で「縁日」をやろうということになったときのことです。教員として駆け出しだった私は何をどう準備すればいいのか、見当もつかなかったのですが、生徒たちは涼しい顔をしています。彼らにやる気があるようにも見えず心配していたのですが、当日を迎えて驚きました。金魚すくいやら射的やら、かなり本格的な縁日が校舎内に出現していたのです。その当時在籍していた生徒の中に何人か露店商でアルバイトをしていた者がいたようで、道具類は全て縁日で使われている本物。生徒たちも縁日で働いているままを学校で披露してくれたわけで、クオリティの高さは当然とも言えました。とは言え、これは例外的な出来事で、ふだんの年は教員がお膳立てをし生徒の一部が手伝うというのが通例でした。

（2） B高校（いわゆる教育困難校）

B高校には10年ほど勤め、2回担任をもちました。生徒たちの出し物の希望は大体食べ物屋で、あまり細かいことを考えず、売れ行きが良かったかどうかといった結果がわかりやすいという点で食品を扱いたがったようです。結果、食べ物屋枠を巡って抽選などが行われ、外れてしまったクラスはいやいや何かしらの企画を考えることになるのですが、私のクラスは幸い？ くじ運がよく、毎年第一希望が通っていました。私のクラスの恒例は焼きそば屋で、生徒が変わっても出し物は同じ。つまり教員の属性に文化祭での食品名が付いているような感じでした。他には長いことカレー専門の先生も存在しました。つまり、ここでも企画の中心は教員で、生徒は与えられた仕事を手伝う補助員のような存在でした。後夜祭で歌を披露した生徒も、歌のレベルはひじょうに高かったのですが、バックで演奏していたのは教員バンドでした。

（3） C高校（東京都立の中堅校、私の在勤当時、国公立大学の合格者10名前後）

初めて「進学校」という括りに入る学校に赴任して、最初の文化祭は衝撃的でした。開会式、閉会式に流されるビデオは、技術的なサポートを教員に受けているとは言え、企画の最初から生徒が作成し、レベルの高いものでした。開会式の日、帰宅早々「C高校はすごい。高校生ってあんなことができるんだ」と、興奮気味に妻に語ったのを思い出します。それまでの高校とは明らかに異質の「文化」がありました。そして、翌年以降は生徒からの依頼に応じて、私自身もビデオの出演者の一人になっていました。開・閉会式に流れるビデオの内容は極秘で、一般生徒にバレないように細心の注意を払います。撮影は早朝か夜間に行われるのが通常で、また、お台場や秋葉原といった場所に出かけてのロケも行っていました。

一方、クラス企画でも生徒たちが思い思いのアイデアを出し、自分たちで計画し準備を進めていきます。1年で担任をもったクラスの出し物は「迷路」でしたが、夏休みの間から生徒たちが動き出し、日々創作物で教室が埋まっていく様子を見るのが楽しみでした。以前の学校にはない、生徒の力で進んでいく文化祭を初めて経験することができました。

学年行事で「劇団四季」のミュージカルを鑑賞したのですが、その後の3年次の文化祭では全クラスが演劇をやりました。自分たちで脚本を作り、拙い内容ではありましたが、生徒たちの満足度は高かったようです。

（4）D高校（都立高校でトップクラスの進学校）

ここではC高校で受けた何倍もの衝撃を受けることになりました。1、2年生が行うバラエティーと呼ばれるゲームコーナーのような出し物もレベルが高いのですが、なんといってもD高祭の華は3年生のクラス演劇です。D高校での演劇のクオリティの高さには度肝を抜かれました。それまでにも様々な舞台を観ていた私が、まさか高校生のクラス演劇で感動の涙を流すことになろうとは。

文化祭で演劇を行う学校は数々ありますが、D高校のレベルの高さを支えているものは、3年間クラス替えが無いことや3年生の各クラス代表で構成される3年展示チーフ会（責任者を展示チーフ、略称「展チ」と呼び全学年にいますが、3年生は劇を仕切るので特に影響力があります）の存在にあると言えるでしょう。D高校の劇作りの様々なノウハウは生徒間で代々受け継がれており、教員の中に文化祭の全貌を把握している者はあまりいないのです。そんな「展チ」を中心に演劇の上演許可を取ったり、宣伝動画を作ったり、ゲストに配布するプログラムを作ったり、と目が回るような忙しさを生徒たちは経験します。過去に先輩たちが上演した演目を出来る限り避けるという傾向も強く、他校と違ってD校の演目はマイナーといえる作品が多いことも特徴と言えます。

2年生の文化祭終了後から始まる準備期間の長さ、厳格なオーディションでのキャスト選び、6月頃から毎朝行われる発声練習、7月中旬には全校が文化祭当日に使用する教室への移動、そして舞台作り、客席作り、教室外側の「外装」など、あらゆる面で9月の文化祭本番に向けて協力体制をとりながら進んでいきます。D校のクラス演劇は、私が知る限り都立高校ナンバーワンだと思います。私が担任したクラスは『ナイゲン』という劇をやり、第2位という成績でした。私はもちろん劇に対して何も手を出していません。

D校の演劇の評判が高くなり、チケットを求めるゲストの来場時刻が年々早くなっていたのですが、ある年にはそれが朝5時前にもなったため近隣から苦情が来るということがありました。展チ会はそれに即座に対処し、一晩でそれまでのゲストたちが並ぶ列を校舎内に移動させ、騒音などの問題を防ぐ対応を取りました。翌年からは抽選システムを考えゲストの早朝からの来校をなくし、さらにその後はWeb抽選システムを確立してスマートフォン

教室の中に舞台の会議室を全員で作る。周囲に段差のある客席を用意

教室の廊下側の外装。照明がつき、上から水が落ちて中の模様を動かす

などでチケットが予約できるように状況を改善していったのです。私は「３年展チ会担当」としてそばで経緯を見守っていましたが、何も手を貸すことはできませんでした。

（5）文京高校（現任校。都立の中堅校で国公立大学進学者20〜30名程度。生徒は学習に真面目に取り組み、教員に対しても素直な子が多い）

現在の勤務校で２巡目の担任をしています。現３学年の文化祭はコロナ禍の大きな影響を受けました。1、2学年の時には学年ごとに分割して行われ、教室は使用できず、体育館の舞台を使った発表もいろいろ制限をつけて行われました。３学年になり制限がやや緩和され、文化祭は舞台発表に限定されたものの、ようやく全学年合同で行うことができました。

そんな中、私のクラスではミュージカル『アラジン』に挑戦しました。持ち時間は30分なので、物語を大幅に短縮した脚本を元演劇部の生徒が書き、そこから劇作りが始まりました。受験生の立場ではありましたが、生徒たちにとっては入学以来初めての全校合同の文化祭ということで張り切る者が多く、準備も入念に行われました。夏休み中も他のクラスより活動日が多く、時には休日にも活動をしていました。ただし、活動時間や講習等の優先受講という条件を生徒間で付けていたようです。キャストたちは歌やダンス練習に力を入れ、キャスト以外の子たちは衣装作りや宣伝用のオブジェ作り等に頑張っていました。限られた時間を、受験生という制約

劇宣伝のオブジェ。全員協力で作った。裏に前出のキャスト表がある

があることによって寧ろ有効に使えていたようです。本番の舞台ではアラジンもジャスミンもマスク着用という可哀想な制限付きではありましたが、会場全体を巻き込むようなパフォーマンスを展開し大好評を博しました。生徒、教員による投票の結果、『アラジン』は学年優勝と総合優勝の2冠を達成し、オブジェ部門でも総合第3位という成績を収めることができました。他の教員たちから私の介入が疑われていたようですが、私は何も手を入れておらず、全て生徒たちだけの力で手に入れた結果でした。

3 文化祭の意義──生徒の成長を加速させる働き──

文化祭を行う意義とは何でしょうか。文化祭とは、**生徒たちが目標を設定し、正解のない課題に対しその達成に向けて格闘していく、その過程を通じて生徒が成長していくもの**だと思っています。

文化祭は、準備から本番当日に到る活動を通じて、大きな達成感や満足感を得られる学校行事の代表です。普段行っている学習のように正解が分かり易いものではなく、最終的な完成というものもハッキリしない中で、いかに質を高めていくか、生徒たちが総合的な力を学び、他人との協力関係を築き、時には他人をいかに有効に動かすことができるかを学べる最高の機会であると言えるでしょう。

中でも**「演劇」は、高校生にとってひじょうに有意義な出し物**であると思っています。文化祭では様々な出し物があり、映像であれ研究発表であれ、生徒たちのやる気と工夫次第で有意義なものが作れるのは確かです。では、演劇ならではの特性とは何かと言えば、それは**生徒全員の最大の山場を文化祭当日にもってこられること**、ではないでしょうか。舞台で演じるキャストたちや音響、照明といったスタッフはもちろんのこと、脚本、演出担当者や衣装係や看板係といった全ての生徒たちが劇本番を緊張感をもちながら迎える光景は何度見てもいいものです。それだけに、演劇は生徒たちの充実感を最大限引き出せるものだと考えています。とはいえ、生徒たちは演劇に対して必ずしも積極的ではないでしょう。現在務める文京高校でも教員の願いとは裏腹に演劇は否定されることが多々ありました。それがコロナの影響で教室での展示ができないという流れになり、体育館等での舞台発表という制限がなされたため、演劇に対して生徒たちの目が向くことになりました。長い間演劇をやらせたいという願いをもっていた文京高校で、コロナがまさに怪我の功名のように作用したのでした。

4　我々教員の関わり方について

文化祭は生徒のものであって、その学校のその時々の文化の度合いを具現化したものだと思っています。パフォーマンスのレベルもそれに応じて出現してくるものであり、そこに教員が無理やり介入して引き上げても生徒たちに満足感が与えられるとは思えません。ましてや**教員側の理想を押し付ける成果発表会にすることは、断じてしてはならない**と思います。

教員ができるのは、**彼らをできるだけ自由に活動させること、それをつかず離れず見守ってやること**しかないと思います。そのために生徒との信頼関係は大事です。ふだんのクラス経営の中で挨拶をすること、時間を守ること、他人に優しくすることを生徒に根付かせておくことが、行事の時に役立ってくると思っています。

それでも、日常と異なる活動の中で、アクシデントやトラブルはどうしても起きます。行事に一所懸命に取り組む生徒がいればいるほど、生徒同士のぶつかり合いも起き、人間関係への影響も多くなってくるでしょう。私の場合、生徒から助けを求められた時には出動することもありますが、**基本的には見守るだけで口出しをしないように**しています。生徒たちからは鈍感な担任だと思われていたでしょうが、それも彼らが自主的に問題解決をしていく手助けになったと信じています。ただし、生徒間に修復不可能な人間関係の溝ができてしまうことだけは避けなければなりません。担任としてはいざという時に逃げないこと、全責任を負うことの覚悟だけはしていたし、**生徒の活動時間には必ず学校にいる**ようにしていました。

生徒を見守ることに徹するとは言え、生徒たちから助けを求められたときには応じてやる必要があるでしょう。意見や感想を求められたときにあまり的外れでない一言を言ってやれると教員の株も上がるというものです。そのためには我々も学習しておかなければなりません。**他校の文化祭を、日程が許す限り見に行っておく**ことも良いと思います。特に演劇を取り入れたい学校の先生は、都立高校では国立高校、青山高校、日比谷高校がお勧めです。これら3校は演劇の質の高さで一見の価値ありですし、日程的にも離れているので自分の勤務校の文化祭と重ならなければ、見学に行くとよいでしょう。私はたくさんの先生方にぜひ見ていただきたいと思っています。同時に、これらの先駆的な学校は他校の教員に向けて、準備段階も含めて公開してほしいと思います。同じ高校生を育てる立場として、自校の実践を積極的に公開してもらいたいと考えています。

5　おわりに

文化祭は生徒のものであり、教員の自己満足の道具にしてはいけないと常々考えています。もちろん、高校生の力にも当然差があるので、我々教員はその学校によって、生徒のやる気や能力に応じて手助けしなければならないことは確かでしょう。ただ、どのレベルの学校でも、活動する中で少しずつでも生徒の達成感を味わわせ、彼らのやる気を起こさせていくよう、控えめな手助けを心掛けていくことが大切だと思っています。

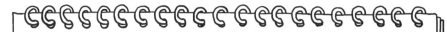

考察編③

文化祭の醍醐味はいかに色付けをするか

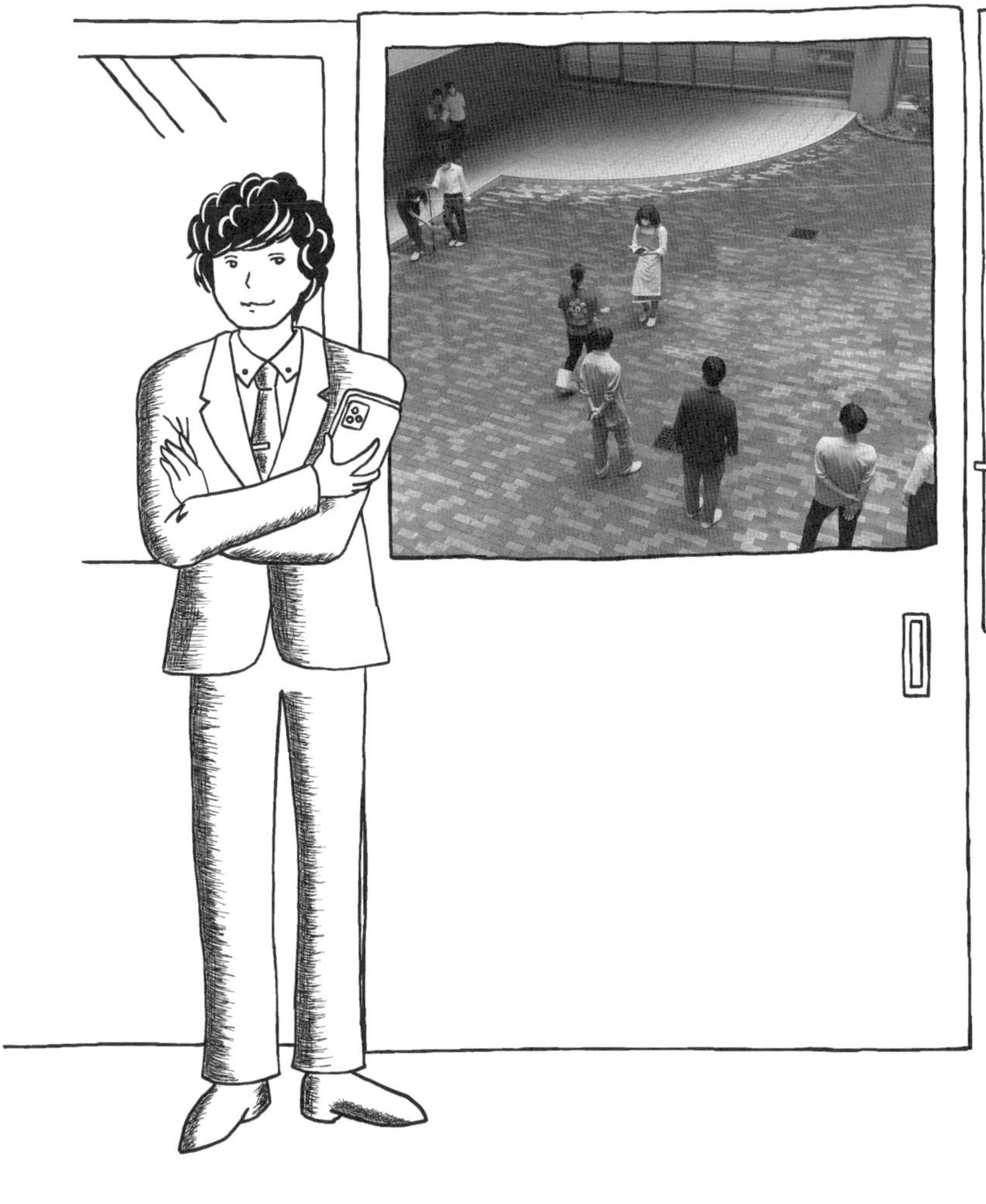

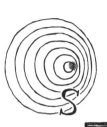

東京都立向丘高等学校
黒尾　信

文化祭の醍醐味はいかに色付けをするか

東京都立向丘高等学校
黒尾　信
理科・物理の担当として勤務し10年目。うち6年は担任を経験。学校公式YouTubeの運営をはじめ、多方面で教育のDXを推進。文化祭は自身の高校時代の苦い思い出から、担任の関わり方が大切だと感じている。

1　はじめに

ＶＵＣＡ時代と呼ばれる何が正解かがわからない／正解となり得ることが著しく変化する現代において、文化祭とは「**生徒たちに最も身近な、正解のない問いと向き合うためのシステム**」だと考えます。生徒たちは何らかの企画や出し物を企画・運営していくわけですが、個人や趣味嗜好が近い集団ではなく、ホームルームという合意形成が難しい集団で一つのものをまとめ上げていかなければなりません。これはよく考えるとなかなかハードルが高いことだと、本書の執筆依頼をいただいたときに改めて感じました。だからこそ、担任がどのように関わるのかが大事です。とはいっても、「担任が率先して、膨大な時間をかけて協力しましょう！」ということではありません。私からは、担任としての失敗談とここ数年の生徒たちの様子を踏まえ、担任の文化祭への関わり方について提案していきます。

2　文化祭の失敗談

提案の前に、自己紹介を兼ねてまずは担任としての失敗談を綴ります。

担任1周目の私は、いま思うとかなり過干渉な指導をしてしまっておりました。その最たるものは2016年に2年生の担任をしていたときのことです。文化祭への取組みの中で、やる気の見える生徒とそうでない生徒のちぐはぐ感が個人的にものすごく嫌で、それを解消するために躍起になっていました。その年の企画は、クラスの文化祭担当の生徒と入念に計画を立て、「ドラム缶で作ったピザ窯を使って、ピザを1日800食販売する」というものでした。1／4カットのピザを1食と計算しており、1日あたり200枚のピザを、生地をこねるところから作るという企画だったのですが、1日あたりの文化祭の公開時間は9時～15時の6時間。単純計算で1時間あたり200÷6＝約33枚のピザを焼くことになるわけです。

当時の私のねらいは、相当大変な企画にすれば全員が協力せざるを得ないだろうという、いま考えると安易で酷いものでした。生徒たちが非常に頑張ってくれたおかげでこの目標は達成できましたし、お客さんの反応も上々でしたから〝ピザ屋〟としては大成功でした。この経験で成長を感じてくれている生徒が一定数いることも確かです。しかし、あまりにも大変

ドラム缶で作成したピザ窯で試作品を焼く生徒の様子

すぎた結果、ホームルーム内の人間関係も大変なことになってしまい、ホームルーム運営としては最悪だったと反省しています。

次に、この苦い経験とコロナ禍という状況を経て、私がいま見ている文化祭について述べていきたいと思います。

3　近年（コロナ禍）の文化祭の状況

現在の勤務校では、新型コロナウイルスの影響により、２０２０年度の文化祭は中止、２０２１年度は校内の生徒・教職員とＰＴＡの広報担当のみが参加する形式、２０２２年度は3学年の保護者のみ予約制での来校が許可されました。感染症対策は数年後には下火になっていくと思いますが、この3年間だからこそ気付いたことが二つあります。

一つは**外部の方へのアウトプットという機会の教育的効果の高さ**です。２０１９年までの文化祭と比べると、２０２２年度の文化祭では2日目の生徒たちの元気がないように感じられました。アンケート調査等は行っていないため私の肌感覚ではありますが、特に保護者の来校がない１・２年生ではその空気感が顕著に感じられました。やはり、来年度入学してくるかもしれない後輩の中学生や保護者にお客さんとして催し物を見ていただくことは、生徒の成長に良い影響を与えるのだと感じました。

もう一つは、**生徒たちの価値観の多様化**です。勤務校では各企画に対して

コロナ禍の文化祭における縁日企画の様子

生徒が相互に投票を行い、閉祭式で各部門や文化祭全体の賞が授与されるのですが、この表彰が以前よりも盛り上がらない印象を受けました。実は体育祭でも似た空気を感じたのですが、もしかするといまの高校生世代には、他者との相対的な評価よりも「自分の評価軸」というものが以前より広く根付いているのかもしれません。

4　私の考える文化祭の意義

ここまでの内容を一度まとめると、文化祭とは「**ホームルームという多種多様な価値観をもつ人の集団で、正解のない問いと向き合った結果出てきたものを外部の人にアウトプットするための教育システム**」である、と言えそうです。やや冷たい表現になってしまっていますが、このシステムにいかに色付けをしていくか、というのがまさに文化祭の醍醐味です。その色の付け方は、その**ホームルームを形成する全員の個性がどう集結するか**で決まってきます。綺麗な色付けができなかったとしても、文化祭当日に「味のある」色付けができたのなら、きっとそこには多くの生徒の成長が見られるはずです。この、多くの生徒の成長こそが私の考える文化祭の意義です。成長の方向は各生徒がそれぞれ異なるもので良いと思います。自分の強みを伸ばすのも良いですし、苦手なことに挑戦するのも素晴らしいことです。どんな形でも良いので、**担任はなるべく多くの生徒がこの機会をうまく活用できるように働きかけていく**ことが求められます。

しかしこの働きかけには困った側面があります。それは、**文化祭の指導をすればするほど、そこに担任の色も混ざっていってしまう**ことです。だからこそ、担任の色をどう混ぜるかという点が重要です。個々の生徒が引き立つような背景を塗る、くらいの関わり方がベストだと感じます。自分の色を出しすぎず、かといって関わらないわけでもない。生徒たちをよく観察しながらそういう関わり方（支援）をしていくと、先に述べた文化祭の意義を達成しやすくなります。

さて、ここまでは文化祭の企画によらない抽象的な部分を書いてきました。次のトピックではもう少し具体的にみていきましょう。

5 ずばり、生徒に身に付けさせたい力

文化祭は実施する企画によって、どんな役回りがあるかというのが変わってきます。従って、まず企画を決定する段階で合意形成を得ることが非常に大切です。ここで少し時間をとって、ホームルームの生徒一人ひとりの顔を思い浮かべてみてください。その上で、次の問いについて考えてみてください。

問：例えば今年の文化祭で調理系の企画をすることになった場合、普段まとめ役として動いている生徒は料理が得意でしょうか？

場合によっては、まとめ役の生徒はたまたま料理が得意かもしれません。しかしながら、40人なら40人全員がその企画で自分が得意なことを担当できるでしょうか？

多様な価値観をもつ集団が母体となる文化祭のホームルーム企画というシステムは、**出し物が一つに決まった時点で、生徒一人ひとりにとってモチベーションが上がったり下がったりしてしまう可能性を内包**しています。モチベーションが高い生徒は必死に頑張るけれど、逆の生徒は全然協力してくれない。そんな状況が日本全国の高校できっと毎年発生していると推測します。担任としては頑張っている生徒を応援したくなりますよ

ね。私も失敗談に書いたようにそのような指導をしていました。しかしこれは、自戒の念を込めて言えば、担任としては好ましくない関わり方です。なぜだかわかるでしょうか？

頑張っている生徒は単にその企画において「頑張りやすい領域」を知っているだけであり、そうでない生徒は「頑張りやすい領域」を知らないだけだからです。これを踏まえると、私が文化祭を通して生徒に身に付けさせたい力は、「**この集団で○○のテーマであれば自分はどの役割でワクワクできるのか、を見つける力**」です。仮に興味をもてないテーマの企画だったとしても、自分が貢献できる領域を見つける経験をさせることができれば、きっとVUCA時代にたくましく生きていくための糧になるはずです。難しいのは、「○○の力を身に付けられるように頑張ろう！」と言っても、その方向には得てして簡単には進まないところです。間違っても、「こんな力を付けてほしい！」などと生徒に指導してはいけないと思います。あくまでも担任の裏テーマとして心に据えながら、生徒たちを観察しましょう。必要な支援は観察を続けることでその方法が仮説として見えてくるはずです。次に、私が考える「文化祭に際して担任が備えるべき機能」について述べていきます。

6　文化祭に際して担任が備えるべき機能

私は、担任としての支援の内容は①仕組みづくりと②ハコづくりに徹するべきだと考えます。この二つが、文化祭に際して担任が備えるべき機能です。それぞれ解説していきます。

(1)　仕組みづくりの例―企画を決定する際の方法―

仕組みづくりとは、**生徒たちが自然と協力体制を築くことができるような流れを意図的に、かつ生徒たちに**

はなるべくばれないように作り出すことです。ホームルーム全体で納得感をもった合意形成が繰り返されるための仕組みをそれとなく提案すること、と言っても良いかもしれません。

例えば、非常に大切だと書いた「企画を決定する段階」では、自然な合意形成を得るために次のような支援の方法があります。

企画決定の際のおすすめの方法は、「文化祭でやりたい企画ごとにグループ分けをして、企画書を全グループに書いてもらったうえでプレゼン大会をさせる」というものです。以前は、企画を多数決で決めてから係の生徒が企画書を書く形を採っていましたが、失敗談の通り、全体が快く協力体制を築く雰囲気になりませんでした。ところが、プレゼン大会形式を用いると、非常に良い雰囲気で文化祭当日を迎えることができると感じます。

文化祭企画プレゼンの様子

各生徒がやりたい企画で企画書を作るということは、企画書を書くことがいかに難しいかを、多くの生徒が経験することを意味します。また、前でプレゼンターとして話すかどうかはともかく、全員が一度は教室の前に立ち、文化祭に参加している状況を創り出すことができます。こういうちょっとした仕組みや枠組みを、生徒の様子を観察しながらタイミングよく提案することが担任としてあるべき支援の形の一つなのではないかと考えます。

（2）ハコづくりの例―企画がいい感じに見えるように支援する方法―

中堅校で担任をしていると、文化祭直前の時期に生徒がキャパオーバーとも言える状況に陥る姿を目にする機会が増えてきます。そして、私の経験上、企画のＰＲや内装・外装といった「全体の調整が必要な役回り」が得意な生徒が少ないように感じています。

一旦、話は逸れますが、音楽業界では例えばライブ会場のことを「ハコ」と呼ぶことがあります。ハコ全体をいい雰囲気に演出するには、出演するアーティスト自身の努力はもちろんですが、舞台の裏方で音響機材を整備するＰＡさんや照明の技術者さんの力も大きな部分を占めています。

文化祭において担任は、この**ＰＡさんや照明の技術者さんと同じように、陰から支援する力が求められている**と感じます。ただし、どの領域が陰に相当するかは、生徒の集団によって変化します。具体的には、「得意だったり、挑戦したいと感じる生徒がほとんどいない領域（＝陰）」を見つけ、引き受けるという方法があります。

例えば、コロナ禍における感染症対策のための換気をどうするか、というところに生徒の考えが及んでいない場合、この領域は担任が考えて提案する。１年生で演劇を実施することになった場合、舞台設営の安全面の確保は担任が提案する。などの例が挙げられます。もちろん、その領域を頑張りたい生徒がいる場合はその生徒が取組むことがより大事です。生徒たちのそういう部分を観察しながら、何かしらの**「誰も取り組もうとしない領域」を整備するのが「ハコづくり」**です。このハコづくりも、担任としてあるべき支援の形の一つなのではないかと考えます。

ハコづくりがうまくできると、内部の生徒の視点からも企画の見栄えがよくなっていきます。そうなると、始めは後ろ向きだった生徒も気付けば輪の中に入って楽しんで準備を始めてくれる確率が上がります。

7 まとめ

文化祭とは「ホームルームという多種多様な価値観をもつ人の集団で、正解のない問いと向き合った結果出てきたものを外部の人にアウトプットするための教育システム」であり、担任はこのシステムが上手に動くように、陰から支援する存在です。たとえ仕上がりが綺麗ではなく、素晴らしくなかったとしても、文化祭当日の出し物に生徒たちの味のある何かが出来上がっていれば、きっと一人ひとりの生徒に何らかの成長が起こったとみてよいと思います。

最後に、絶対に忘れてはいけないことを述べておきます。文化祭に限らずですが、**必ず振り返りの時間を設けましょう**。振り返りのポイントは簡単にいうと二つです。

①各生徒の取組み方を内省させる。

②周囲の友人からフィードバックをもらう。

振り返りとフィードバックを通すと、経験に対する精度の高い意味付けができ、次の活動に活用する姿が見られるようになります。必ず実施しておきましょう。

いろいろなことを「面白い」と感じることのできるかけがえのない力を

考察編④

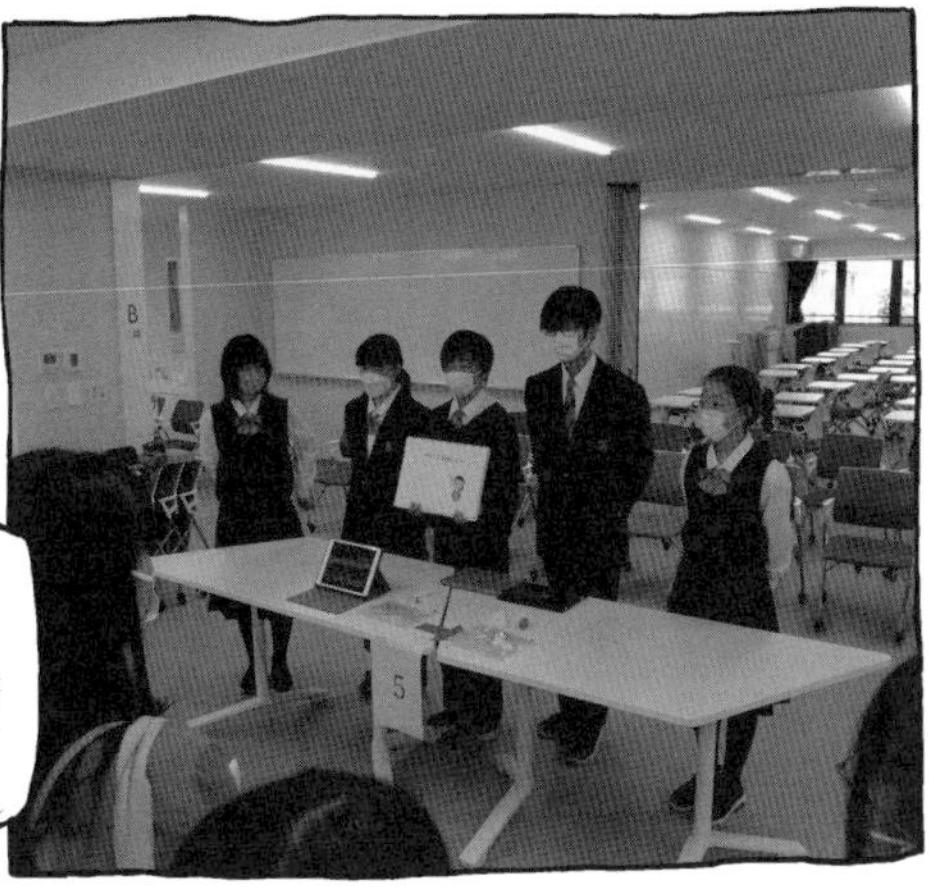

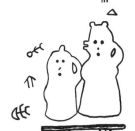

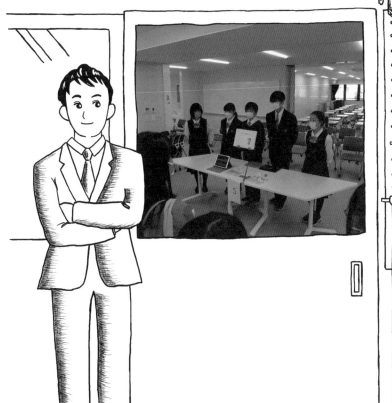

花園中学高等学校
伏木陽介

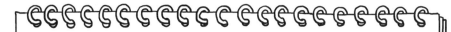

いろいろなことを「面白い」と感じることのできるかけがえのない力を

花園中学高等学校
伏木陽介

中高一貫校勤務19年目。前任の開智学園では探究チーフを６年間、学年主任・副主任を10年間務めた。現在、中学主任、中高一貫コース総合探究チーフ、教科は日本史・中学社会担当。ラクイチ授業研究会、Google認定教育者、Apple公認Teacher。

1　はじめに

私は私立の中高一貫校の教員として18年間、関東・関西の学校の文化祭において、様々な側面に参画させていただきました。「文化祭」と一言で言っても、中・高によってその催事やその教員の関わり方などを一概に把握することは難しく、**生徒への関わり方やその前提なども、校種やその学校の方向性などによって画一的に考えることは簡単ではありません。** ただ、そのような状況の中でも「公約数」的に考えられる部分があるのではないか、そのような立脚点に基づき、私自身の経験を踏まえ、参考になる部分があればと思います。特に私は後に詳述させていただきますが、「文化祭」に探究活動やＩＣＴの領域で関わる機会を多く得ることができました。そのような分野からの限られた話題提供となるとは思いますが、文化祭の意義や育成したい能力などについて、経験に基づき考えてきたことを述べられたらと思います。この小稿が、先生方のお考えを更に広げる一助になれば幸いです。

２　昨年、今年の文化祭の状況

新型コロナウィルスの発生により、文化祭の状況も、変化を余儀なくされました。２０２０年度は、そんな中でも何とかして「生徒の発信の場を確保したい」という教職員全体の思いから、オンライン形式での発表の場を作ることになりました。よってこの年は、一般・保護者の来場はなく、オンラインを利用しての公開となりました。

勤務校では「舞台発表」を軸に、例えば演劇形式であれば、生徒たち自身がオリジナルの脚本を作り、演出効果なども研究して、「伝える側」の力を育もう、と文化祭においての取り組みを実施してきました。しかし、いままでは対面を基本としてきたため、この年、「舞台発表」という形態は大変両立が難しい状況となりました。

そこで、生徒一人一台所有しているiPadをうまく活用して、新しい発信手段を考え、「舞台発表」形式の一つの形として、オンラインで実施することにしました。

一回性の緊張感ある舞台発表で培うことのできる能力が発揮される場面が減少した一方で、何度も作り直しの試行錯誤が可能となったことで、作り込む要素が生まれ、生徒それぞれの分担の意識も明確になりました。ま

オンラインを利用し、生徒の活動や競技の様子をライブ配信（頭脳スポーツ大会）

た、従来の対面型「舞台発表」での発表形式では、あまり注目されることの少なかった生徒が、楽しそうにデジタルでの背景や、音響効果、こだわりを発揮する姿に、教員の我々も、また保護者などやクラスメイトも新しい発見を得ることに繋がり、状況の変化は生徒の新しい可能性の発掘の機会と捉えることにつながったとも言えました。

そして、２０２０年度を経て、新型コロナウィルスとの関わり方への理解を深めた今年度は、対面での「舞台発表」を再開しました。

ただし、これは２０１９年度への回帰を意味したわけではなく、２０２０年度のコロナ禍の経験を活かした文化祭発表となりました。具体的には、生徒自身は２０１９年度以前にあったような、舞台での一回性の発表の緊張感と表現力を磨くこともあった一方で、昨年度に培った新たな表現要素を表現する場ともなりました。具体的には一部においてオンライン中継で別室からの動画を入れたり、理解を深めたデジタル機材への前提を利用した制作物となっていることにその特徴がありました。

生徒会主催の「eスポーツ大会」の様子。他にもデジタルを利用したイベントを開催

このような状況は、他の文化祭催事にも影響しました。生徒会主催の「ｅスポーツ大会」の実施や、加速したＧＩＧＡスクール構想の成果とも言えるデジタルでのスライド発表能力の向上を背景にした、「自分の推し」をデジタルでのプレゼンで勝負し、それをアンケートで回収、発表するなどの取り組み（「推しコレ」）です。２０２０年度の経験は、文化祭の傾向に一種の沈滞を及ぼした側面もありますが、生徒たちなりの感受性と生徒たち各自の対話によって、このような傾向が生まれていることは、大変印象的な状況だったと言えます。

3　私の考える文化祭の意義

長年、担任や学年主任、あるいは探究のチーフとして文化祭に携わってきた身として考える「文化祭の意義」。まずは、**文化祭がもつ「生徒主体」という雰囲気と、生徒や教職員のもつ認識が重要**だと考えます。

意義その①　生徒が主体となり、当事者意識を涵養する機会

文化祭は教職員の関与をどの様に考えていくか、という表裏一体の課題がある一方、生徒の意識の中にその大小はあれ、「自分たちが考えて進めるイベント」という認識があると思います。前提となるこの認識はとても大切です。平常の授業や活動に、どこか教員の指示を待つという〝先入観〟を強くもつジレンマを抱える学校にとっては、文化祭は、**学校の運営に生徒自身の当事者意識を涵養し、生徒主体の気風を作り上げる契機・可能性をもつイベント**と考えるからです。

意義その②　学校について考え、自分ができることを考える機会

文化祭は、生徒自身が自校の行事や学校そのものについて考えたり、クラスの出し物の工夫を通じて、**他者意見と自己意見をどのように接続・改変させていくかといった場面を生み出したりする上で、**有効と考えます。

また、一方で、生徒会などは、限られた環境の中で文化祭を運営する過程で、現状置かれている学校の特徴を理解したり、**何事も「自由」と言われることが却って、物事の遂行にとっては難しさを生む**ことなども、生徒自身が実感したりする契機となるかもしれません。

意義その③　生徒の新しい可能性・能力を活かし、発見する機会

また、それとは全く違う部分で、文化祭には、**部活動や学習活動、教育活動では見えづらかった生徒の特徴に気づかせてくれたり、それらの能力を活かすきっかけをくれる**といった部分もあるかと思います。

先述の「推し（好き）」を伝えるプレゼントーナメントや、eスポーツ、また「奇才」を見出す企画などは、意識的に発信をしている生徒ばかりではなく、あまり日常では発信していなかった生徒に発信の機会と、教員や保護者、そして他の生徒に「〝発見〟のきっかけ」を与えてくれるものでした。学校で日常的に行われる教育活動のみで網羅的に生徒の特質を理解することは大変難しく、文化祭でそれをすべて補完するわけではありませんが、知らなかった一面を披見させてくれます。地域、保護者、生徒、そして教員はここで新しい生徒の可能性を発見し、場合によっては文化祭後に発展的に活動が行われたり、あるいは生徒によっては、地域や企業といった外部との新しい結びつきを得るきっかけとなる場合もあります。このように文化祭はまさに、**新しい関係性構築のきっかけを作る可能性を胚胎している**と思います。

意義その④　外部のもつ「教育力」を得るきっかけの機会

最後に取り上げたい「文化祭の意義」は、先述の中にもあった**「外部」のもつ「教育力」を得るきっかけ**としての文化祭の意義です。

教員生活の中で、多くの年月を、私自身は文化祭のイベントとして探究に携わってきました。生徒たちが年間を通じて活動する「探究活動」の報告の機会として文化祭を設定し、報告します。探究の内容には学究肌のアカデミックなものや、地域や社会の課題を自分自身で解決する方法を模索し、中には実際に活動するＰＢＬ

タイプの課題解決型探究に取り組む生徒もいます。一般で多くの人々が来場する「文化祭」の〝千客万来〟的なムードと、堅苦しくない〝お祭り〟的なムードを利用し、探究発表会を文化祭の部門として実施・展開する取り組みに参画してきました。

ここで見えてきたのは、校内のみの報告会と違い、保護者はもちろん、地域や招待企業の方々などとの交流の可能性があるということです。

報告の中に、商店街の活性化を探究する生徒がいました。彼の報告に興味をもったのは、全く違う学年の保護者。その保護者は、地域の商店を営む立場の保護者でもありました。また、そこにもう一人、イベント会社に勤務する、ＯＧの卒業生。ここからこの三者の交流が生まれ、生徒は自身の探究活動の内容を充実させるばかりでなく、自分の進路決定に活かしていきました。また、学究肌の報告を、やはり同じように卒業生がフォローしたり、別の保護者の方からご意見や批判をいただくなどする中で、**自分の探究を客観的に見つめ、深化させるきっかけ**ともなりました。

外部に開かれた発表会では、新しい交流や探究の発展の機会を得ることができる

確かに、このような事例が大多数を占める、というわけではありません。ただし、このようなきっかけを与えるイベントとして、文化祭のもつ来場者をつなぐことのできる「有用性」は、否定できないと思いました。探究発表は自分自身の「追究」する姿勢は大切ではありますが、モチベーションの維持や、新たな展開の生成などにおいては、マンネリ化を招く側面もあります。文化祭はそのような場面に変化の契機を与えてくれるものになる。そんな経験と認識を文化祭の発表会を通じて得たことは、収穫だったと感じ、これも文化祭のもつ

意義の一つなのでは、といまは強く考えております。

4　他者と関わり合い、新しい価値を創っていく面白さを

文化祭を通じて育むことができる力には様々なものがあると思います。もちろん企画を作り上げる力や、発信する能力は大切です。それとともに、私は**「関わり合う」姿勢や、他者と交渉しながら、新しい価値を創っていくことの面白さ**、これを学んでほしいと思います。そこには様々な人々との「対話」が不可欠です。対話の中から「邂逅点」を見つけ出していく力が、生徒に大切にしてほしい価値です。

それらとともに、**いろいろなことを「面白い」と感じることのできる能力**が、様々な社会での場面で大切になると思います。この「自分ごととして面白く」するマインドセットをもつ「力」があれば、苦難はあってもすべての機会を「学び」化することができると思うからです。

そのような意味で文化祭には様々な局面があります。級友との意見の相違、学校側から与えられる環境や条件、そして活動そのものです。努力しても変化しないこともあると思います。いわば「辛い」状況です。しかし、それらを「面白くしていこう」と意識し、活動する中で通して培われるものは、生徒にとってかけがえのないものになっていくと思います。

教員は、この一見すると「辛い」とされる状況に寄り添って、**教師自身も「対話」をし、「伴走」する姿勢が求められる**かと思います。時には聞き手に回りつつ、大変な過程に何が介在しているのかを一緒に推測し、対案をともに考え、時には一緒に喜怒哀楽をともにする。〝指導〟という感覚を少し脇において、時には周囲や他者の気持ちの行間を説明、推測の選択肢を様々に提示し、寄り添っていく姿勢が大切なのかと思います。

5　前任校の文化祭における探究発表会

前任校においても、文化祭の「探究発表会」を企画・実施のお手伝いをしてきました。ここでは企画の実際と、そこで生まれた状況などについて考えてみたいと思います。

探究活動は、年間を通して取り組むものですが、その発表の場の提供として、前任校では、文化祭をその軸に据えてきました。文化祭を「探究」を始めとする学びや様々な生徒のキャラクターの共有・発表の場とする姿勢は、前任校が文化祭を「発表会」という名称で呼んでいた部分からも頷けます。

文化祭における「探究発表会」では、スライド、もしくは模造紙を使い、中学校課程は全員が、高校課程の生徒も自薦・他薦を受け、探究活動の報告会を実施します。

探究活動の報告会の機会を得ることで、年間の探究活動の中に文化祭が位置付くとともに、先述の「外部」交流の〝磁場〟として、この場所が活用されます。

２０２０年度は新型コロナウィルス感染症の影響で、これら「探究発表会」も「オンラインライブ」と「ビデオ形式」での発表になりました。面前に聴衆がいないことにより、発表のもつ一回性の緊張感はやや薄れたと思います。その一方で、「見たい場所で」、また発表によっては、「見たい時間に」という形が可能になり、例えば諸事情で遠方にいる保護者が文化祭の発表を視聴する機会を得られたり、いままで発表の聞き手として想定していなかった方にも発表を聞く機会を提供できたり、探究の過程でお世話になった方々への「お返し」の場として発表報告が機能したり、あるいは世界とつながる可能性が生じる発表会が実施できたことで、交流の裾野が広がったという面があったということを、体験・認識する形となりました。オンラインがもたらす「探究発表の文化祭」の〝新しい形〟に気付かせてくれた瞬間でもありました。今後は、メタバース空間などでの文化祭における探究発表など、新たな可能性も出てくることと思います。

6　まとめ

これまで述べてきたように、文化祭には様々な可能性があると考えています。

- いままで知り得なかった生徒の新しい側面の発見と、交流の場の提供
- 生徒主体の「祭」のもつ能動性を喚起するきっかけとしての場
- 通常の学校生活と異なる教師・生徒、生徒間の「関係性」の創出
- iPadやＩＣＴ機材の授業由来とは異なる利用法に気付かせる場
- 対話から問題解決を学び、葛藤と克服の方法を実地で理解する場
- 探究発表の場を生み、学校内部での探究活動では生まれにくい新しい「つながり」を生み出す可能性の場
- 一般の方々、地域、卒業生、保護者、教員、そして生徒の交流と相互理解を生む場

もちろん、同様の特徴が生み出されるきっかけとしての学校行事は、他にも多くあると思います。体育祭や合唱コンクール、プレゼンテーション大会などはその一例と言えます。ただし、多種多様なものを包含しても良いとする、「自由発展性」が文化祭にはあり、**「どんな〝可能性〟でも試行できる」という点において文化祭がもつ特質は、大変意義深いものがある**と考えています。オンライン・メタバースの可能性や、探究の発展的な展開に挑戦していく場として、これからもいろいろな面で検討と実践を続けていきたいと思っています。

考察編⑤

生徒がワクワクするために教師ができること

東京都立千歳丘高等学校
石井光洋

生徒がワクワクするために教師ができること

東京都立千歳丘高等学校
石井光洋

大学卒業後、非常勤講師として私立高校に勤務し、その後、都立学校に勤務。初任校に6年勤務し、現在2校目の1年目。陸上競技をやっている。意欲の低い生徒を盛り上げ、達成感を得られるまでどうやって一緒に走っていくかを日々考えている。

1　はじめに

文化祭という行事はすごくエネルギーがいると思います。教員は授業に部活、進路相談や個別の生徒対応など多くの業務のある中、さらにここに文化祭というものが入ると本当に時間が足りないと思います。私自身、週5日の陸上競技部をもちながらの文化祭は本当に大変でした。

さらに文化祭の特徴として、体育祭と違い種目が決まっているわけではなく、**成功のゴールやビジョンが曖昧という難しさ**もあると思います。そのため、生徒も教員も取り組みにくく、心理的にも負担になっていると思います。そこに生徒同士の人間関係トラブルも入ると、負担祭りになるかもしれません。しかし**こんなに大変だからこそ、文化祭は学校行事の中でも大きく成長できる場**だと思っています。そう思って3年間、担任として全力で取り組んできました。

この後の文章の中でも繰り返し書かせていただきますが、そんな中、私が特に大切にしてきたことは、**生徒がワクワクし、自分で意欲を掻き立たせられるかどうか**、ということです。私は勉強でも部活動でも行事でも常に生徒の意欲を掻き立てることを大切にしています。特に部活動や行事では、この「自分でやる気を起こせるかどうか」の部分が重要だと思うので、より一層考えています。これまでの活動の中で、意欲の大切さを実感し、掻き立てることの実践も少しはできたと思います。現在の課題は、**教員が手を入れたとしても、成功することにより達成感を得られるような経験のほうが良いか、それとも、失敗し、できなかったとしても自分たちでやる経験のほうが良いのか**、ということです。いままでの経験が何かの参考になればありがたいです。

2　昨年の文化祭（前任校）での取り組み

昨年度の前任校では、コロナの影響がまだ大きく残っていたため、３日間に分けて学年ごと、午前中のみの開催となりました。また、学年の中でも違いがあり、２・３年生は学年ごとの通常開催、１年生は動画を作成し、クラスを順番に回って観る、という形での開催でした。前任校は勉強になかなか気持ちが向かない生徒も多かったのですが、文化祭となると熱心に活動しているクラスが各学年何クラスか見られました。

特に私のクラスは、かなり文化祭への熱が強く、感染対策を行った上で３年生の夏休みはほとんど毎日学校で活動しました。この夏休みの活動をどの

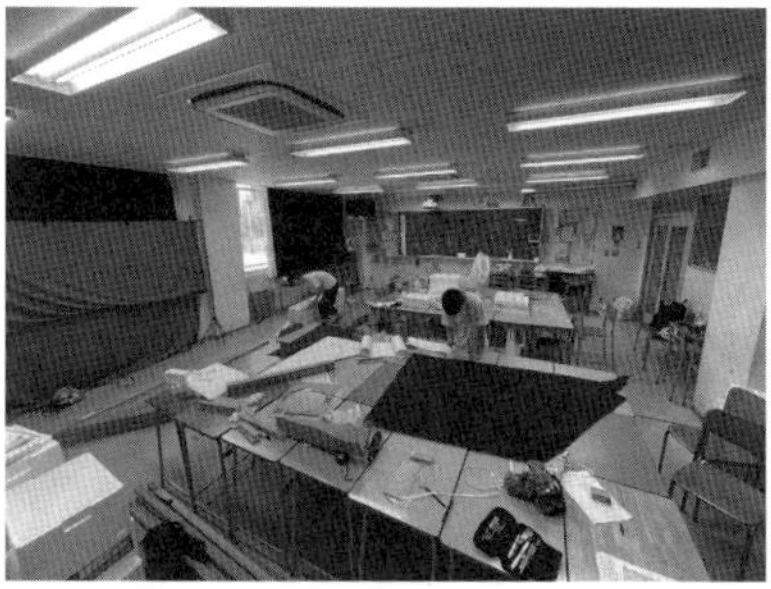

教室の夏休みの作業風景

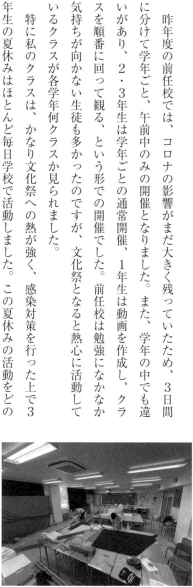

ように促したかというと、夏休みの活動の前にまず、文化祭準備用に教室の模様替えを行いました。机を集めて大きな作業台を二つ作り、また、教壇も足場として作業しやすい位置に置きました。こうして、生徒がいつもと違った環境で活動できる場をみんなで作りました。この準備によりやる気が高まり、夏休みに準備をするモードに変えたことができたと思います。

文化祭のコンセプトは、世界的に有名なテーマパークである、夢の国を作る！　というものでした。実際の内容としては、司会進行役がお客さんとやりとりをし、その途中で、アトラクションの疑似体験動画やYouTubeの「THE FIRST TAKE」、映画のパロディを動画で流していく、という内容でした。さらに、装飾にも力を入れ、教室を3ゾーンに分けて行いました。日常と別の世界を作るために、ビニール傘やスズランテープを工夫して、海底を作ったり、本物の木材で小舟を作ったり、壁面いっぱいに絵を描いたりしました。入口も本に入るイメージを作りたかったため、プラスチックのベニヤ板を使って、大きく表現しました。

このように、「映像」「壁面アート」「工作・装飾」と、多くのチームがあるので、生徒がそれぞれやりたいことが見つかる状況でした。このチームはどのように分かれたのかというと、「映像」「壁面アート」は希望者が行いました。また、キャラクターに似ている等があれば、その生徒に声をかけ、参加してもらいました。嫌だと言う生徒がいなかったので、スムーズにいきました。また、「工作・装飾」のエリア分けに関しては、最低限必要な人数等はなく、作るものも自由に決めて良いため、仲の良い生徒同士でやっていい、

木材でつくった船

ということにしました。その結果、揉めることなく決めることができました。このチーム分けや内容決めに苦労すると思うのですが、人数や内容は厳密には決めず、仲の良さ等のクラスの状況を優先し、内容はそれに合わせていく、という形にしたのが良かったと思います。また、担任の目には見えていないところで、頑張っていた生徒がいたのだろうと思います。

このように決まったチームそれぞれに、リーダーを決め、それぞれのチームのグループＬＩＮＥ、チームリーダーのみのリーダーＬＩＮＥを作成し、連絡を取って進めていきました。このように書くと熱心さがわかると思います。

これらの作業の中で私が特に意識していたのは、常に「楽しい」という状況を作ることでした。いつもの日常と違う教室で何かをやること、普段しないような想像をして、モノを作る作業を思う存分やれること、たまにはトランプなどをやって楽しい時間を過ごすこと、生徒同士・担任との会話等、「**学校に来ると誰かと楽しい時間が過ごせる**」「**学校に来たい**」と思えるような、「自分から何かを考えてやりたくなる」ような空間を作ることに力を入れました。

このようにした結果、生徒は自分たちで夏休み前に教室のレイアウトや雰囲気作りを考えるところから始めました。私の学校でのキャラクターが、「明るく熱心な先生」というものだったので、それによる後押しや安心感もあったと思います。実際に私も一緒に楽しく工作をしました。他の教員から見る

ある映画のパロディ

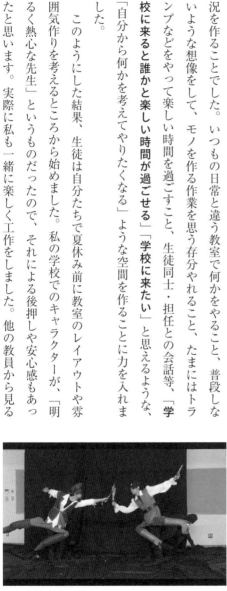

と、手を入れすぎに見えたと思いますが、〝文化祭の内容〟に大きく手を入れるわけではなく、〝文化祭の準備を始める〟〝みんなのモチベーションを上げる〟ために大きく手を入れました。

もちろん生徒が〝内容〟に困ったときには相談に乗るので、内容に助言する部分もあると思います。しかし、それを決めた後に作業をし、途中で工夫をしていくのは生徒であるため、これにより本質的なものが大きく失われることはないと思います。結果的に内容は成功し、生徒も満足いくものになりました。

その他の発見としては、片付けのときに、自分が作成した小道具を持って帰りたいという生徒がいたことや、他の生徒に「これだけ時間をかけて、午前中しか開催できなかったけど、これでよかった？」と聞いたところ、「自分たちが作りたいものを作れたし、満足です！ 楽しかったです！」という言葉を聞けたことでした。**プロセスの中に楽しさや主体的なものが生まれていた**ということを実感できた一言でした。

3　現任校と前任校での経験の中で共通だったこと

今年は異動になり、生活指導部として文化祭の副担当となりましたが、学校のルールやどのように例年やるのかわからず、私は勉強をさせてもらいました。開催方法は、午前中のみの3学年一斉開催で、外部の来校者、1・2年生の保護者の方々には感染対策のためご遠慮いただき、3年生の保護者のみ来校可能という形式となりました。

その中での発見は、現任校も勉強に対し苦手意識がある生徒が多い学校ですが、やはり一部の生徒は行事に対して、熱心だったということでした。特にそう感じたのは、3年生の有志団体が保護者の協力を得て、遊園地のコーヒーカップを制作していたことでした。**誰かが協力してくれる状況があれば、大きなことでもやるこ**

とができる、ということが、学校が変わっても見られたのは私の中で大きな発見になりました。

これが昨年と今年の文化祭についての状況と、私が共通して発見したことです。

4　私の考える文化祭の意義

これらの経験から、文化祭の意義は、二つあると思います。

一つ目は、**自由に自分を表現し、自分がやりたいことにワクワクしながら取り組み、そして一生懸命やった先に生まれた感情は、自分の財産になる**ことだと思います。うまくいかなかった経験や、達成感、途中でのトラブル、喧嘩、やりたいことができない悔しさ、時間が間に合わない恐怖など、学校生活で勉強をしていくだけでは味わうことができない、けれども社会に出たら大切になる感情を文化祭を通じて学び、自分の財産にすることができます。しかし、なかなかこのような経験をする状況を生み出すのは難しいと思います。だからこそ、〝内容〟ではなく、〝取り組む〟までに力を注ぐのが教師の役割だと私は思っています。

シェイクスピアの翻訳で知られる小田島雄志さんが、日本経済新聞の「私の履歴書」の中で「人生の楽しみは、喜怒哀楽の総量」と言っていました。その通りだと思います。私も、**人生において大切なことの一つは多くの〝感情〟を味わうこと**だと思います。それにより、相手の気持ちが理解できたり、共感できたり、自分を鼓舞することができたりすると思うからです。そして、それらの感情は人が教えてくれるものではなく、自分自身で体験するしかないと思っています。だからこそ、人生の１ページとして**文化祭に主体的に一生懸命参加し、ワクワクしながら、時には苦難を味わいながら、表現することは大きな意義をもつ**と思います。

二つ目は、**人と協働し何かを作りあげるということ、周りと競いながらより良いものを作っていくこと等、**

社会を疑似体験できることだと思います。勉強や部活で一生懸命になることももちろん大切ですが、社会に出て経験することに近い体験することも重要だと思います。人と協働し、意見を述べ、日程を考え、0から作っていくことや、人間関係のトラブルを経験すること、日程が間に合わなかったときの乗り切り方など、社会に出て役に立つ力を養うことができると考えています。この点でも大きな意義があると思います。

5　生徒に育てたい力

意義と同様、生徒に育てたい力も二つあります。一つ目は**自由に何かをやることに対してワクワクし、意欲的に行動する力**、二つ目は**周りを巻き込み主体的・積極的に行動、調整し、変化を起こすことができる力**です。将来、生徒はどんな職業につき、どんな人生を送るかはわかりません。しかし、この二つはどんな将来でも必要な力だと思っています。この二つがあれば、フリーランスで何かをやっていく場合でも、自分でやりたいことを見つけ、ワクワクしながら人生を歩むことができ、どこかに所属し働く場合でも、主体的に考えて多くの人と調整ができ、少しずつ新しいものを取り入れていくことができるようになると思っているからです。

これらの力は、文化祭で**0からワクワクすることを考え、それを周りの人と話し合い、調整し、トラブルを乗り越えていくことで少しずつ養われる**のではないかと思います。だからこそ文化祭は生徒自身が将来に向かって大きく成長する大切なものだと考えています。

6　練習に1回も来なかった生徒のエピソード

私のクラスの生徒は何事にも協力して取り組んでくれる生徒が多かったため、特に大きな揉めごとはありませんでした。

強いてあげるとすれば、前任校の1年生の文化祭で劇をやったときのエピソードなのですが、ある音響担当の生徒が夏休みに1回も来ないという事件が起きました。劇の時間が50分程度と長く、かなり時間をかけて準備していたことと、ある生徒がＬＩＮＥを使って何回も声をかけてくれたことから、クラスの生徒たちは怒り、劇に参加させるかさせないか、さらには、クラスＴシャツには、背中に「staff」という文字が入っていたため、そのクラスＴシャツを着せるかどうかまで、話し合うほどでした。監督や中心人物が話し合い、本人の意思を聞き、結論を出しました。

結論は、「参加させる」というものでした。その後、全員を集め、時間を作り、監督の気持ちを本人に伝え、また本人もみんなに謝罪する機会を作りました。そして、全員で参加することができました。結局、音響の練習は間に合わなかったので、みんなで役割を考え、劇を撮影する役割を監督が与えました。そしてそれを私が動画にすることで、ちゃんと全員に貢献した、という状況を作りました。練習に来ない生徒がいたときに、自分の気持ちではなく、「クラス全員で参加する」という大義を貫いた監督や中心人物は、本人の実感はないかもしれませんが、貴重な経験ができたと思います。

7　まとめ

これらは初担任での経験ですし、まだまだ経験は浅いですが、生徒にどのような力をつけさせたいか、という理想や、文化祭の意義は、年数に関係なく、教員それぞれがもっていると思います。そして、その理想のもと教員が動くことによって、安心して生徒が動くことができるのです。これはどの学校でも大切だと思います。

私は1年生で劇をやったときに、最終公演の最後に生徒全員からサプライズで大きな花束をもらう経験をさせてもらいました。労力や苦難は多くありましたが、「教員になって良かった」と心の底から思えた瞬間を文化祭で味わうことができました。生徒自身も卒業前に集まっていたりと、ここでできた絆はかけがえのないものになったと思います。

この経験から、現時点では、**教員が手を入れたとしても、成功体験、達成感を得る経験は大切**だと私は思います。おそらく、その成功体験の中にも、少なからず困難はあると思います。時にはその困難の印象のほうが強く残ってしまうほどの経験もするかもしれません。しかし、その**困難の乗り越え方を学び、実際に乗り越え、成功体験に繋げることが大切**であると思っています。

現場の状況によっては、〝生徒の自主性〟という名目のもと、文化祭に教員が出ないほうが良いという一般論でクラスが〝放置〟されることもしばしばあると思います。私は、「いまある状況に応じて、何がベストかを考え続け、行動する」という、意欲や意思を教員がもち続けることが第一歩であり、最も大切なことだと思います。その先に、教員としての人生を豊かにしてくれる〝感情〟が待っていると思っています。生意気な文章ですが、この文章も誰かの意欲を掻き立てる助けになればと思っています。

考察編⑥

文化祭で育てる主権者意識

東京都立白鷗高等学校・附属中学校
吉田伊織

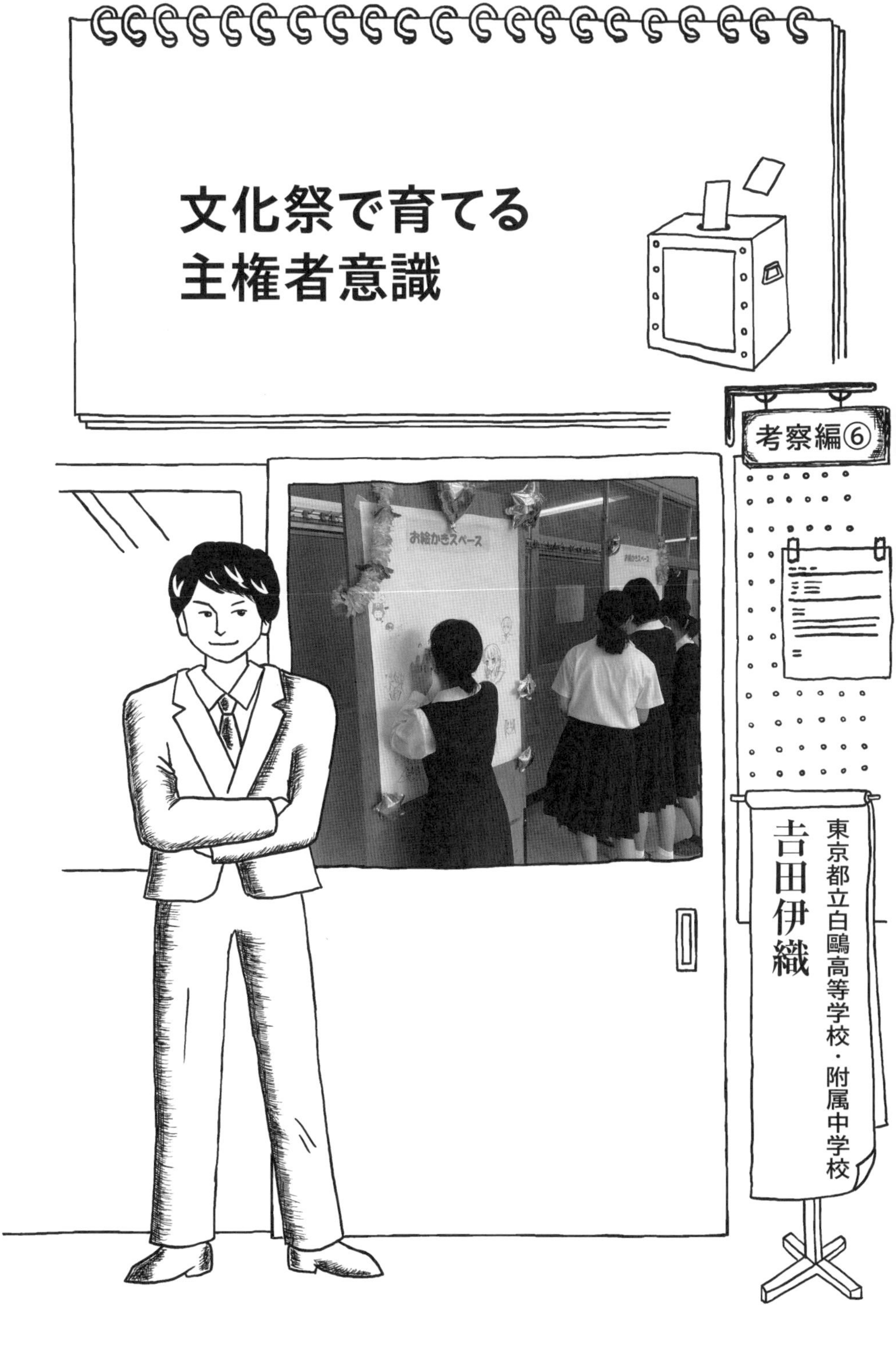

文化祭で育てる主権者意識

東京都立白鷗高等学校・附属中学校
吉田伊織

東京都の教員として３年目。開発部という分掌で公民科教諭として探究活動を担当。高校２年生全員で課題研究論文の作成に向けて取り組んでいる。高校時代は、生徒会長として学祭の運営を行ったことが思い出。

1　はじめに

２０２０年は新型コロナウイルス感染症（ＣＯＶＩＤ－19）による感染対策のため、学校の様々な行事が中止となりました。そして多くの学校で翌年もこれまで通りの行事は実施できなくなり、学校行事の運営やこれまでの学校の伝統が途切れる危機に直面しました。このような危機を迎えた一方で、学校行事の内容が一つひとつ精査されて各校で行う必要があるものなのかを先生も生徒も考えることとなりました。このことは今後の学校行事のあり方を生徒が主体的に考え、生徒が中心となった学校行事にする契機となったのではないでしょうか。

全生徒が参加して、特色ある文化祭にする。そのために、生徒が楽しみ、責任をもって改善させながら持続的に行える方法はないのか。今回は、**生徒が主体的に文化祭のあり方を考える方法を主権者教育との関係から考えていきたい**と思います。

主権者教育については、２０１５年に選挙権年齢を「18歳以上」に引き下げる改正公職選挙法が成立し、高校3年生で選挙権をもつ生徒ともたない生徒がクラスに混在する状況となりました。これにより、これまで以上に主権者教育のあり方が問われることとなっています。

主権者教育の実施状況について、文部科学省が２０１９年から２０２０年に行った「主権者教育（政治的教養の教育）実施状況調査」では、主権者教育を行った教科等（複数回答）は公民科の74・４％に次いで、特別活動が46・３％となっています。また取り組みの内容（複数回答）も公職選挙法や選挙の仕組みについてが84・６％、現実の政治的事象についての話し合い活動が34・４％となっています。

このことから知識としての「選挙」は学校で学ぶが、「現実の政治と関わる機会」が少ないことがわかります。また、教員側からの視点では政治的な内容を扱う際は、教育基本法第14条の政治教育の規定により、現実社会の具体的な政策や政治の動きの取り扱いについて、中立かつ公正な立場での指導が求められています。そのため、選挙や政治の仕組みに関する内容の授業が中心となり、授業で生徒が具体的な政治の話題を議論することが難しい状況がわかります。そのため、生徒は政治との関わりを実感できないまま有権者となっているのではないでしょうか。

そこで本内容では、文化祭を通した主権者教育の可能性について着目していきます。

2　昨年、今年の文化祭の状況

本校では、新型コロナウイルスにより２０２０年度は文化祭が中止となりました。２０２１年度は学年で日程をずらして、文化祭の日数を多くして人数制限を行いました。また、保護者や同窓会は感染症対策のため、参加を取りやめ、生徒のみの参加となり、飲食物の販売等は中止となりました。今年の文化祭は、３年ぶりに同一日程で全校生徒が参加し、保護者も来校するなど感染症対策は行いつつも、可能な限り本来の文化祭の形へと戻すことができました。

しかし、昨年から感染症対策を行いながらの実施となったため、どのように文化祭を実施するかなどは、生徒の安全を守るため文化祭担当教員が中心となって企画・運営する教員主導型の文化祭となっているのが現状です。**生徒が可能な限り積極的に企画・運営に参画し、集団の中で自主的、実践的に取り組む文化祭となれば、仲間と協働して実践できた達成感やより良い文化祭にしようとする向上心を育むことができる**のではないでしょうか。

今年の生徒の文化祭での動きは、演劇や展示など各ホームルームでの出店や文化祭実行委員を中心とした入り口や広場の装飾などを行いました。生徒会は主には来場者対応を行っており、生徒会の出番が少なくなっています。ここに文化祭を通して生徒が主権者としてより良い学校生活にするヒントがあるのです。

生徒が考えた感染症対策を行いながら楽しめるアトラクション

3　私の考える文化祭の意義

文化祭は生徒の主体性を最も育むことができる行事です。生徒の自由な発想で日頃の文化的な活動の成果を発揮することや、創意工夫を行い、学校全体で生徒や保護者、地域の人が一体となって楽しみ、より団結することができます。その過程の中で、**生徒同士が文化祭を通して学校全体のあり方を考え、生徒が自分たちの文化祭として話し合い、生徒が中心となって実現していくことで他者と協働してより良い文化祭となっていくこ**とが期待できます。

その中心となるのは、全校生徒が関わって組織された生徒会です。生徒会については学習指導要領において、「生徒が主体的に組織をつくり、役割を分担し、計画を立て、学校生活の課題を見いだし解決するために話し合い、合意形成を図り実践すること。」とあります。文化祭のあり方を生徒会が中心となって話し合いを進めることによって、生徒一人ひとりがより良い文化祭づくりへ参画することにつながります。

具体的には、生徒会の選挙公約で、各候補者がどういう文化祭にしたいのかなどの文化祭の内容を含んだ公約を発表し、演説会や討論会で議論を行います。**公の場で生徒全員が関わる文化祭について議論することは、生徒会選挙を通して生徒一人ひとりの自分が望む文化祭のあり方を自分事として考える機会**となります。このことは生徒会選挙を通し、主権者として、自分の意見を選挙によって表明し、**文化祭を題材に自分の投票が反映されるという民主的な手続きを学ぶ**ことになります。

生徒会活動と文化祭を結びつけることにより、生徒一人ひとりが主権者として学校をよりよくすることを実践し、政治への関心が高めることができます。

4 文化祭を選挙公約に

主権者教育の視点から、文化祭を通して育てたい力や生徒像は以下のように整理できます。

まず主権者教育については、2012年に「主権者教育」を提言した総務省の常時啓発事業のあり方等研究会の最終報告書では、「国や社会の問題を自分の問題として捉え、自ら考え、自ら判断し、行動していく主権者像」が掲げられました。また、2016年3月、文部科学省の「主権者教育の推進に関する検討チーム」の最終まとめでは、「単に政治の仕組みについて必要な知識を習得させるにとどまらず、(中略)社会を生き抜く力や地域の課題解決を社会の構成員の一人として主体的に担うことができる力を身に付けさせること」とされています。そして、総務省作成の高校生向け副教材『私たちが拓く日本の未来』では、「今後の日本社会は、公共的課題の解決に向けて多様な価値観をもつ他者と議論しつつ協働する国家・社会の形成者、すなわち『民主主義の担い手』を要請している」とし、「国家・社会の形成者として求められる力」として、①論理的思考力(とりわけ根拠をもって主張し、他者を説得する力)②現実社会の諸課題について多面的・多角的に考察し、公正に判断する力。③現実社会の諸課題を見出し、協働的に追究し解決(合意形成・意思決定)する力。④公共的な事柄に自ら参画しようとする意欲や態度の四つが示されています。

以上のことから、主権者教育では様々な利害が複雑に絡み合う政治・社会課題について、できるだけ多くの合意を形成し、現在と未来の社会をつくるために、政治に参画(意思決定プロセスに参加)することを目指して、「知り・考え・意見を持ち・論じ・決める」ことを目標としていることがわかります。

文化祭をテーマとした選挙公約を競わせることによって、生徒一人ひとりが学校や文化祭の抱える課題を自分事として考えることができます。そして、演説や議論、生徒会選挙で合意形成を図り、民主的な手続きを通して決めていくことで、**自らが政治の主人公であるという主権者意識を高め、主権者教育で育てたい力や生徒像を身に付けさせることができます。**

5　生徒会長の経験から

私がここまで述べてきた文化祭をテーマに生徒会を通して主権者意識を高めることについて考えるようになったのは、10年前の高校生時代の私自身の経験からです。生徒会長だった高校3年時の文化祭・体育祭が一体となった学校祭の実施にあたり、選挙演説のなかで述べた保護者や地域の方々の参加しやすい学校祭づくりを目指して生徒会で取り組みました。プログラムの編成や物品の管理、校内の配置の変更など案を生徒総会で議論し、生徒同士で意見を出し合い、案を修正し、変更案が賛成多数で可決しました。民主的な手続きを経たことで、生徒の内容の変更への理解もあり、新たに増えた役割分担も積極的に協力してくれました。

生徒の代表組織である生徒会が何をしているのか、これから生徒会が何をしようとしているのかを生徒会選挙や生徒総会を通して伝え、論じ合うことによって、生徒一人ひとりが自分の主張に近い候補者に投票することができます。これは「政治が関わる学び」が、政治的中立の観点から扱う機会が少なかった現状を改善させることにもつながります。授業を通して政治についての仕組みを学び、生徒会活動で実践していくことで、理論と

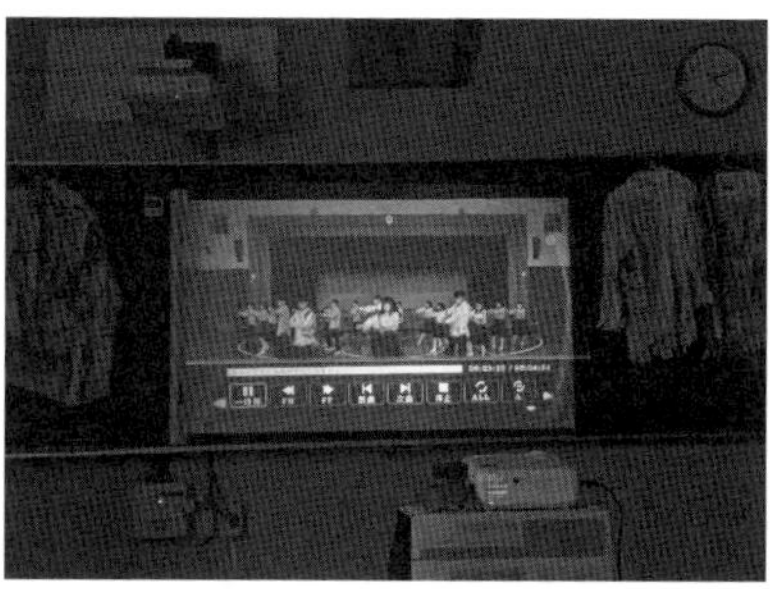

新しい文化祭の形を模索して、生徒が動画を作成

実践の往還を図り、身近な課題をもとに政治への関心を高めていくことができます。

さらに文化祭のみならず、校則や学校の課題を公約として扱うことで、生徒自身が向き合い主体的に解決することが期待できるのではないでしょうか。課題の解決を図ろうとする中で、他の学校の事例を研究したり、なぜこのような課題が生まれたのかを過去に遡って調べたりして、自分の学校の良さや課題に生徒は改めて気付くことができます。また、生徒が自ら解決を図ることで「こんな学校にしたい」、「私たちの意見で学校がよくなった」といった帰属意識が高まることが期待できます。

6 生徒主体の文化祭にするための体制づくり

ここまで文化祭と主権者教育の関わりについて考えてきました。ここからは、今後の文化祭を通した主権者教育のより充実を図っていくための課題と可能性を最後にみなさんと考えたいと思います。

最も大きな課題となるのは、文化祭や生徒会活動に対する教員間の温度差や担当教員の負担の大きさです。生徒会選挙にあたり選挙公約の作成を全て立候補する生徒一人が作成し、多様な意見を踏まえた選挙演説にするのは難しいため、教員の支援が必要となります。特に有権者となる生徒が政策によって投票するには、教員がどのような視点で政策を見るのかなどの指導を行う必要があります。この支援や指導を生徒会の担当となった教員だけで行ったり、担当教員の力量に頼ったりすることがないように、学校としてのカリ

各クラスで工夫を凝らした出し物

キュラム・マネジメントを行うことが重要です。具体的には、生徒が学校に対して、帰属意識を高めてより良い学校づくりに参画できることを目的としてカリキュラムづくりを行います。例えば選挙の意義やしくみ、生徒会選挙の争点についての指導は公民科教員が行います。また、議論の行い方の指導は国語科教員、生徒会選挙の方法や演説会や討論会などの日程調整は生徒部の教員が中心となって運営を行うなど**全教職員が関わることで、教員の負担感や持続可能な生徒会運営が図ることができます。**

７　文化祭の可能性

これまで、文化祭を通した主権者教育の可能性を見てきました。最後に生徒にどのような効果を及ぼすのかを考え、まとめとしたいと思います。

まず生徒会選挙から、候補者も投票する生徒も身近な学校生活について議論し、考えることは学校への帰属意識を高めることにつながります。帰属意識が高まることの効果として古田和久氏（２０１２）は「高校生の学校適応と社会文化的背景―学校の階層多様性に着目して―」の中で、帰属意識が高まることは、遅刻回数が減ることと正の相関関係があると述べています。このことからも生徒一人ひとりが生徒会選挙を通して**帰属意識が高まることにより、学校生活に対して前向きな気持ちになる生徒が多くなる**ことがわかります。

特に生徒全員が関わる学校行事をテーマとした議論は、友人関係にも影響を与えることがわかっています。菅沼彩桃氏（２０１６）は「高校生活における文化祭活動への取り組みと生徒の学校適応感との関係―クラスでの役割分担の度合いと文化祭活動への取り組み姿勢による違いに着目して―」の中で、クラスの文化祭活動における参加姿勢と学校生活享受感尺度、高校生活適応感尺度の下位尺度である「友人関係」との関連は見られたと分析しています。さらに、文化祭活動に対して積極的に取り組んでいる生徒は、積極的に取り組んでいない生徒よりも、学校生活を楽しいと感じたり、友人との付き合いに満足していたりしていると指摘しています。**文化祭をテーマとして、生徒一人ひとりが意見をもち、選挙を通して参画することで文化祭への参加も期待ができ、学校生活をより良くしたり、友人関係をより発展させたりすることでより良い学校づくりにつながっていくことが期待できる**のではないでしょうか。

また、文化祭を考える中で、地域の人と連携して地域の課題を考え、議論する場を設け、主権者教育の場としている事例も複数あることから、**文化祭を通して主権者意識を高める工夫はまだまだ可能性を秘めています。**

これまでみなさんと考えてきた文化祭を通した主権者教育は、主権者教育をより実践的に行うために文化祭をテーマに議論することで、より良い学校づくりにつながることが示唆できます。また生徒が主体となって学校行事に参画することで、生徒が積極的に文化祭などの学校行事の運営に参画し、教員の負担を減らしながら学校全体がより良くなっていくことにつながっていくのではないでしょうか。ぜひ、学校全体で文化祭を通して主権者意識を高めていく取り組みにチャレンジする一助にしてもらえると幸いです。

「ホンモノの文化祭」について考える

「ホンモノの文化祭」について考える

東京都立足立新田高等学校
横田　昇

勤務年数33年。主任教諭。英語科。生活指導部（生徒部）に所属した時期の多くを、文化祭の中心スタッフメンバーとして活動。思いがけず訪れたこの新しい時代、誰もが経験したことのない新たな価値観が覆うこの世界で、「文化祭」がどう変化していくのか想像している。

1　はじめに

約3年間、その活動を封じ込められてしまった文化祭という高校の一大イベントを、コロナ以前の時代の形に戻すという感覚ではなく、新しいスタイルといままでになかった発想力で、いまの時代にふさわしい文化祭の在り方について考えてみたくなりました。「シン・文化祭」です。「シン」とは「新」・「真」（ホンモノ）という意味です。

2　文化祭を変えるときが来た

私が勤務する高校の文化祭は、おそらく全国の高等学校がそうであったように、新型コロナウイルスの影響により、学校が従来行ってきた形態・内容での実施が不可能になってしまいました。私が勤務する学校の場合、中止になった２０２０年度のあとも２０２１年度には「文化発表会」と名称を変え、規模を縮小して行いました。せめて文化系の部活動だけでも発表する機会が得られるよう配慮した結果の行事となりました。吹奏楽部、軽音楽部、ダンス部と演劇部の数団体のみが出演して体育館のステージ上で発表するこの舞台発表は、無観客の状態でライブ配信されました。そして２０２２年度もまた体育館内でのステージ発表のみとなり、このときに実演することを認められたのは部活動文化部と3年生の各学級だけでした。鑑賞方法については、リモート配信に加えて一部生徒が観客として体育館に留まることもできるようになりました。3年生の生徒だけが参加することになった背景には、この学年が一度も高校の文化祭を経験することができていなかったという事情があります。多くの人がイメージする文化祭からは程遠い内容が続いたのです。

この数年間の文化祭の変わり果てた光景を目の当たりにして、私は二つのことを意識しました。否応なく各学校での文化祭の引継ぎが困難になり、既成の価値観だけに頼る文化祭のままではいられないことを覚悟しなければならないという思い。もう一つは、これまでにもいくつもの現場で感じてきた、高校の文化祭の在り方に対する疑問を解消したいという願いです。言葉を変えれば、過去に蓄積した課題を検証した上で、**新しい形の文化祭へと進化させる機会が到来した**という期待です。変化するべきとき、変わらなければならない時機がいまだと伝える、時代の風が吹いていると感じ取っています。

3　そもそも伝統を引き継ぎにくい公立高校

この数年間のパンデミックは、「各校の文化祭という伝統を継承する」というあたりまえの流れを阻みました。

いままでのような規模で、何千人もの来場者を招待して、飲食店、展示部門、ステージ部門などに分かれて華やかに盛大に催される「文化祭」を取り戻すまでには、一定のステップが必要になるでしょう。そもそもこのような学校行事の伝統・精神を引き継ぐ仕組みは公立高校では整いません。生徒は3年で卒業し、教職員も同一校に留まる期間は約6年なのです（実際には、もっと短い周期で教員が他校へ異動してしまうケースも少なくありません）。更新されてきた「実施要項」がコンピュータのデータフォルダに残っていても、その「形式」・「方法」がそこに記録されているだけで、実施マニュアルの行間に刻まれた物語（ストーリー）を読み取り、直に体感したことでしか伝わらない空気感と、そこに込められたメッセージを解釈することが重要であるのに、その肝心な部分を後継者に渡すことができにくい仕組みになっているのです。

このタイミングに、時代の転換点だからこそ、**新しい存在としての文化祭**を再生させることはできないでしょうか。**「新」しい「真」のホンモノの文化祭**を。

4　手軽で使い捨てられる文化祭のゲンジツ

いま、手元のスマートフォンを使えば、YouTubeやTikTokで視聴できる夥しい数の動画リストから、手頃な情報や欲しい映像・音楽が手に入ります。そこで用いられている手法を模倣することで、一定のクオリティを保った自分たち仕様の作品を作ることは比較的簡単にできてしまいます。生徒たちが自分で探し当てた素材を上手に加工し、それを作品として文化祭で披露することだけで十分満足できてしまう、そういう便利さがあります。そして制作したものを自画自賛して、「楽しかった」、「よかった」「おもしろかった」という感想を生徒たちが抱く。「文化祭は成功した」と自己肯定して終了する文化祭は多く存在すると思います。生徒たちが自己満足をしている、あるいは内輪だけで盛り上がってはしゃぎ、自己完結している光景を目の当たりにするたびに、こう自問自答してしまいます。**当然のごとく毎年同じ時期に同じ形式で開催されている文化祭は、何のためにあり、一体何をゴール（目的）にしているのか。そもそも文化祭とは誰のためのものにあるのか**と。

また、各学校ではおよそ70万円から１００万円に近いお金が2日程度の祭典のために用意され、その祭りのあとにはゴミ集積所に回収された、落書きのようにペンキが塗られたベニヤや、釘が抜かれておらずサイズが不揃いな角材の集まり、ボロボロに刻まれた段ボールなどを含むたくさんの粗大ごみ、さらにビニール袋に詰め込まれた生ごみや残飯、またそれらを盛りつけたプラスティック容器などが大量に残され、大量の素材が消費されたことを思い知るのです。祭りのあとで積み上げられた廃棄物を見て、**それらに見合うだけの価値ある展示・発表・出店ができたのか**、そして**生徒たちはほんとうに充足感や幸福感を手に入れることができたのか**と考えてしまいます。

私たちは、いまこうしてただでさえ説明のつかない閉塞感に包まれ、極めて抑制された時代の中にいます。もう一度文化祭について熱く思いを巡らすべき転換点に、私たちは立っているのかもしれません。**突破口を見つけ、時間とお金を正しく使い、見た目の綺麗さや、物理的なカッコよさではなく、ものを創り出す人・表現する人の内面の美しさを正当に評価できる文化祭を生み出したい**と思うのです。そのために我々大人は、そして生徒たちは何から始めればよいのでしょうか。

5 「本物」を知るということ

2022年夏、東京のお台場と有明で「チームラボ」主催のイベントが行われていました。東大出身の方々によって考案された芸術作品の数々は最新の映像技術と音響効果を用いた新しい時代のアート展です。連日多くの来場者を驚かせ、感動を与えていました。膨大な数と種類の、独自性に満ちた作品群（展示物）を収容する巨大施設は、〝ボーダーレス〟というタイトルがつくとおり、その中にまるで無限に広がっていると錯覚させる境界のない空間があり、出口のない迷路を彷徨い続けるような浮遊感を体験できました。投資した費用や人件費も、構想の年月も推し量られますが、最も人の心を動かしていたのは、この〝チーム〟のメンバーが共有できているコンセプト、〝共創〟というテーマそのものだと感じました。華やかで、煌びやかで、謎めいて、まさに地図を持たない旅路を歩き続ける感覚は未知の経験でした。

このアート空間の根底に流れているのは、「生きる」というとてもシンプルなメッセージ、つまり「生きる」ことの意味を再認識させてくれる世界です。私たちが生きるこの世界で、人と自然はどのような関係で結ばれなければいけないのか、自然の中で人間は他の生命たちとどう共存していくべきなのかを来場者に問いかけ、そして人と人が互いを尊重できること、謙虚であり続けることが生きる上で必要あることを呼びかけていることに気付きました。美しい光景、世界観を見事に演出しながらも、教えてくれているのは「他のすべての命と自身の命との関わり方」です。この世の中で我々が出会う生命、それらと心が交わされる経験を重ねることで我々は少しずつ、生きるために必要なことを学び、生きる意味を感じ取るのだということを理解するのです。

この体験を通じ、文化祭を手掛けるにあたり生徒たちにとって必要なことが二つあると感じました。一つは

本物を直《じか》に鑑賞すること、もう一つは**プロの技を直接教わること**です。芸術の世界に触れること、例えば演劇を知るなら「劇団四季」のミュージカル鑑賞があります。鑑賞に慣れていない高校生にも親しみやすい作品が多く、例えば「ライオンキング」や「アナと雪の女王」といった作品を通じて本物の芸術に触れることができます。ジャンルを変えれば一流演奏家によるクラシカルコンサートやプロのダンサー・スケーターの演技を観ることも可能ですし、落語や漫才などの話術を堪能して芸能の世界を覗くこともできます。各種プロ・アマを問わずスポーツ競技を観戦するだけでも生徒には大きな刺激になるはずです。茶道・華道・書道等の伝統文化を実際に体験してその奥深さを学ぶ機会をもつのも意義深いはずです。

また、サイエンスを学ぶミュージアム、歴史展覧会、映画製作などの現場を見学し、舞台演出の照明装置や音響機器に直接触れて、それらを扱うプロの仕事を教わることも価値ある経験になるはずです。超一流の技を鑑賞すること、そして可能であれば生徒たちがその技の世界に参加してみることが、本物を知るための最初の入り口になるのではないでしょうか。

こうした活動は集団（学校、または学年）で参加し共有し合えることに大切な意味が生まれると考えます。こうした体験を学校単位で実現するための手続きは、きっと容易ではありません。スケジュールの調整、諸々の契約の取り交わしやたくさんの打ち合わせ、予算確保など、単純な作業ではありません。一括してこうした事業を手掛ける団体・自治体がその窓口になり、生徒たちが様々な体験をする門戸を開いてくれることも期待したいです。

また同時に、こうした活動をするだけの時間的余裕と、世の中に溢れる価値あるものを取り込むことを許容する柔軟さも学校に与えていただきたいです。文化祭実施への道のりの過程に、特別活動・課外活動と結び付けながらプロの職業人と繋がり、その精神と奥深い世界を知る機会を得られたら。文化祭という学校行事の中での実演・制作活動という実体験を経由することで、生徒が実社会に飛び出すための実習体験として「学び」が実現できることにもなるかもしれません。

つまり、①様々な未知の体験とその共有→②文化祭を作り上げる総力の中の大切な一部として関わり、自ら行動（実行・実演）→③将来の自身の生き方、あり方の発見のようなプロセスをもたせることで、**バラバラに存在していた物と物、人と人を繋ぐ役割、点と点であったものを一つの線で繋げる役割を果たす可能性**が文化祭にはあると思うのです。

6　すべては「対話」から始まる

何のための文化祭なのか、誰のためのものなのか。そしてどのような結果に価値を見出すのか。長い長い準備期間の途中で時々我々の頭をよぎるのが文化祭の目的です。文化祭に対する思いや考え方を、それに携わる人間同士全員で必ずしも１００％一致させられなくても、同じ方向を向いてともに歩き出し、仲間たちと一緒になって、目的を理解して何かを創りあげようとしたとき、そこでその活動の意義や価値を共有したとき、その思いを言葉に乗せて旗を揚げ、前へ進む力を与えてくれるのがスローガン（メインテーマ）です。スローガンをただのお飾りにだけ使うのではなく、文化祭に参加する各団体（ＨＲクラスや部活動及び委員会活動、あるいは有志団体など）は、**自分たちが何をやりたいか、出し物を何にするか考え始める前に、文化祭のスローガンまたはテーマを理解していることが大切**です。テーマが色濃く活動内容に反映されたかどうかは表彰の際にも重要な要素になると思います。

高校生が決めるスローガンの候補によく登場するのが「レジェンド」、「飛翔!!はばたけ青春!」、「百花繚乱」、「The sky is the limit.」のような抽象的な表現です。スローガンはできる限り皆が目指すべき方向性や目的が簡潔な言葉でまとめられた方が効果的だと思います。その時代、その場所に一番ふさわしい言葉や大切な気持ちを紡ぎ出すのが話し合い、すなわち「対話」です。**対話がすべてのスタートラインです**。人と人は、語り合うことで互いを知り、理解しようと努力します。話し合いができなければ伝えられないことばかりです。発せられた言動だけでなく、言葉の行間、言葉の裏にあるものまで私たちは気づかなくてはなりません（残念ながらこの数年間に、人はあまりに多くの対話の機会を喪失したのではないでしょうか。思いを声に出せない、相手の表情が読めない。人と人の心にも距離をつくってしまった長い時間でした）。

本校の今年度の文化祭は、9月半ばの実施だったにもかかわらず、1学期末の7月時点でさえ各団体の企画内容が決まっていませんでした。夏季休業中も一度も文化祭の内容を教員間、又は生徒同士で話し合う機会がありませんでした。ここ数年のウイルス感染拡大状況下で先の見通しを立てることは困難だったとは言え、文化祭企画書を各団体が作成できたのが開催1週間前、完成したプログラム冊子が生徒の手に届いたのが本番3日前だったという事実は、明らかに話し合いが欠如し、意思疎通の機会が欠落していたことを証明しています。教職員間でもまともに話し合いの場を持つチャンスがありませんでした。生徒の間でも意識の隔たりは大きく、文化祭に向ける生徒たちのモチベーションや熱量には差がありました。学年・分掌間の教職員間の心の溝も深く、結局、文化祭が終了するまで、気持ちの温度差、ギャップを埋めることはできませんでした。隔たりを埋める努力も怠っていたのかもしれません。価値観、あるいは互いの思いを共有し、対話を繰り返し、同じ目的に向けて行動することができない。目の前に、あまりに情けない、悔しい現実がありました。

7　文化祭実行委員会の重要さ

一つだけ補足してお話したいことがあります。対話、共感、共創……、これを実現するために不可欠な要素が一つあります。私自身のこれまでの経験を通じて、**文化祭にとって一番大切な役割をもっていると考えるのは「文化祭実行委員」の存在**です。個人的見解になってしまいますが、年度当初の各クラスにおける各種委員会のメンバー決めのときにどんな志をもった文化祭実行委員が選出されるかはとても大切です。ホームルーム委員（いわゆる学級委員）や体育祭実行委員同様に、文化祭実行委員も花形です。彼ら文化祭実行委員が集まって結成される文化祭実行委員会は、発足したのち約半年間で、**彼らがどれだけ情熱的に、時に冷静に、また献身的に文化祭のために力を注ぐことができるかが大きなポイント**になると確信しています。彼らの思いが他の生徒の心を動かし、教職員の気持ちを変えていきます。文化祭を彩り、それは地域の人々や一般の来場者にも様々なメッセージを伝えることになります。実務をこなすことも重要な仕事ですが、それ以上に大切な役割は、**人と人とをつなぐこと**です。生徒たちの要望を受け取り、各団体との調整を行い、生徒会とも連携し、そして教職員との折衝（相談・依頼）を幾重にも繰り返しながら、イベントという大きな「作品」を作り上げていくのです。彼らが発信する一言が、思いが、メッセージが、やがて誰かの心に届き、単なる個々の団体の特性・能力を披露するだけだった空間を線で結び、互いを引き寄せながら大きな波を生み出してくれます。**その力、可能性を信じて私たち教職員も彼らを最大限サポートしていく**。これが、私が理想に描く文化祭のあるべき姿です。

8　最後に

「かわいい」「かっこいい」などの、見た目や雰囲気を表現する際に用いるお手軽な言葉とは正反対にある、**内面から滲み出る本気の、心から溢れ出す思いを公正に評価できる文化祭**を、私は〝ホンモノの文化祭〟と定義づけたいと思います。

対話と行動こそが人の心を動かし、集団を変えていくものだと信じていたい。日常生活での対話と行動が「正義」とみなされなかった苦しい時代があったからこそ、ここからは新しい、真の文化祭を追い求めることができるようになってほしい。そのためにも、内なる自分に語りかけ、外に向けて誰かに手を伸ばし、そして心をつなげていく勇気を私自身がもちたいです。

最後に。たった一つの学校行事を実現するだけでも、信じられないほどのエネルギーが必要になります。それに関わる何百人、何千人もの人々の期待を受け止める行事なのですから当然です。こうした行事への取り組みはしかし、我々教師の仕事を「１００」とすれば、「１」程度でしかありません。それだけ我々教職員の仕事は多忙を極め、日々の業務や課題は山積しています。どんなに救いを求めても何十年も前から労働環境は改善されません。自己犠牲あるいは献身という働き方が学校行事を支えているという現実があります。学校で働く教職員の環境改善は、急務であり、学校行事を意味ある価値あるものに変えていくために最も必要なことだと、そう強く伝えたいです。

コラム 1

文化祭での出し物が決まらない

「文化祭の出し物が決まらないのですが……」

生徒からこのような相談を受けた経験がある先生は多いのではないでしょうか。

昨年度、あるクラスの文化祭実行委員が「文化祭の出し物が決まらない」と言って非常に困っていました。私は担任でもないのでどうしようかと考えた際、予定していた単元の内容の順番を入れ替えて、そのクラスの国語の時間に「どうすれば皆が納得する議論ができるのか」について授業することにしました。教材は鷲田清一の「他者を理解するということ」を用いました。また、せっかくなので国語だけでなく、そのクラスで授業を担当していた他教科と連携してこの問題にあたることにしました。

社会科では「パリ協定の合意形成過程」を教材にし、英語科では「集団が良い決断をする方法（TED）」の教材を用いて、「どうすれば皆が納得する議論ができるのか」について授業をしました。各教科のメインテーマは「どうすれば皆が納得する議論ができるのか」と共通のものとしたものの、授業内容は各先生方にお任せしました。最終的に全ての授業が終わり、国語の時間にテーマについてまとめる時間を取りました。そこでは、皆が納得するまで時間をかけて議論することの必要性や同じ意見をもっている生徒同士で小さなグループを作ることなど、より良い議論をするための方法やマインドを学んだという発表をしてくれました。

最終的には、それがきっかけで出し物が決まったかどうかはわかりませんでしたが、各教科の授業と文化祭を連携させた取り組みとなり、教科横断型の授業としての面白さを感じました。今後も教科の授業と特別活動の連携を継続していきたいと考えています。

（浅見和寿）

定時制高校と文化祭

実践編①

埼玉県立朝霞高等学校
浅見和寿

定時制高校と文化祭

埼玉県立朝霞高等学校
（定時制）
浅見和寿

埼玉県の公立高校で勤務すること12年。進学校、工業高校、教育委員会を経て現任校の定時制高校へ。教科は国語。学校の中に外部機関の専門家を入れて教育の質を高めることや、生徒を学校の外に連れ出し学習の機会を広げる活動をしている。

1 はじめに

定時制の高校と聞くと、「仕事をしている生徒が多く、学校も毎日登校できるわけではない」、「生徒同士の年齢の差もあり、学校行事等はなかなか積極的になれない」、「様々な背景をもっている生徒たちが多いので協調性に欠ける」等のイメージをおもちかもしれません。

本校生徒も、そういった生徒が全くいないわけではないですが、仕事を調整し、学校に前向きに登校する生徒も多いという印象です。大学進学を目指す生徒もおり、進学補習も積極的に受けています。また、時代の流れなのか、生徒の年齢は16～20歳の生徒が9割を占めています。同世代ということもあり、**協力して学校行事を盛り上げようとしてくれる生徒たちは、全日制でも定時制でも変わらない**なあと感じています。

私は、昨年度本校に赴任しました。初年度から教務主任を承り、２年目もそのまま主任をしているため、クラスをもったことはありません。しかしながら、単学級の学校で生徒数も少なく、職員室もアットホームな雰囲気のため、担任でなくとも全体の動きが良く見えます。教務主任から見た本校の文化祭を、昨年今年を例に挙げながら紹介していきたいと思います。

2　昨年度の文化祭

本校定時制は、生徒数も少なく、１年～４年まで１クラスずつであり、年度によってはクラスの在籍数が１桁の学年もありますが、文化祭の内容は非常に濃いものとなっています。制限された環境の中でどのように文化祭を盛り上げていくのか、生徒も教員も毎年知恵を絞ります。

昨年度の例でいうと、１年は縁日、２年はシューティングゲーム、３年はＶＲ（ジェットコースター、ホラー体験）、４年リアル人生ゲーム、とバラエティにとんでいました。

１年生は、クラスで灯篭を作成し、間接照明として利用しました。灯篭一つの明るさは、そこまでありませんが、数十基置くことで雰囲気のある会場となります。そこでは、ダーツやくじ引き、輪投げなど誰でも楽しむことができるものを並べました。

２年生は、ゾンビを標的にしたシューティングゲームです。人間よりも大きいゾンビたちを銃で撃っていきます。会場に光が入らないように遮光し、恐怖をかきたてる雰囲気を出します。ゾンビの胸や首には穴が空いており、

大きなゾンビたちが襲いかかるシューティングゲーム

そこに銃の球が入れば成功というものでした。リアルなゾンビと会場の雰囲気作りがとても印象的でした。

3年生は、VRゴーグルを使用したジェットコースターとホラー体験ができるアトラクションでした。VR会場までは迷路になっており、それを通過すると、ミラーボールが回っている会場に到着します。会場の中心にキャスター付きの椅子とVRゴーグルだけが置いてあり、それを装着すると、VR空間で遊ぶことができます。映像に沿ってクラスの担当の生徒が手動で椅子を動かし、映画館のMX4Dのような感覚を得ることができます。

4年生は、リアル人生ゲームを作り上げました。一般的には卓上でルーレットを回して、その数だけマス目を進んでいくというものでありますが、そのルーレットやマス目を巨大化させ、教室内に再現し自分自身が実際のプレーヤーとなり進んでいくアトラクションです。

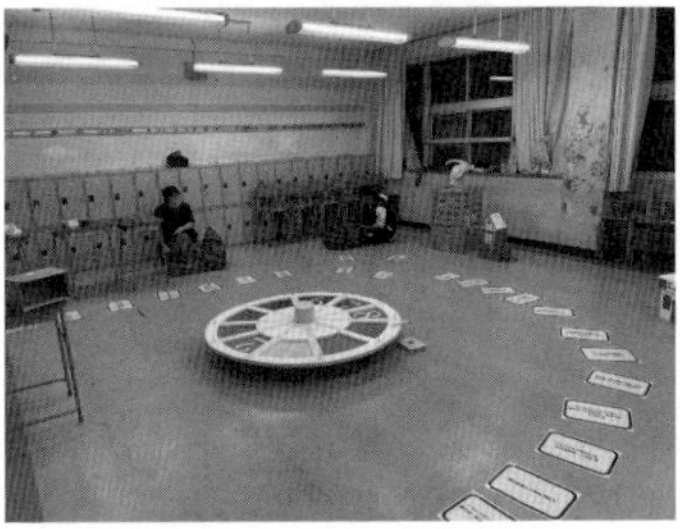

自分が主役になれるリアル人生ゲーム

3 今年度の文化祭

2022年度の文化祭はというと、昨年度と大きく状況が変わりました。

一つ目は、保護者や兄弟、卒業生を文化祭に招待したことです。外部の人が自分たちの出し物を見に来るというちょっとした緊張感が、生徒のモチベーションを高めるのに一役かっていたように思います。もちろん、コロナ禍ということもあり、教職員も少ない状況の中で外部の人の対応までは難しいのではないかという話も出ていましたが、本校はもともと少人数であるし、生徒から是非連れてきたいという要望もあったことから、事前に来場者を把握する等感染症拡大防止の工夫をしながら実施しました。

二つ目は、土曜日に開催したことです。いままでは金曜日の夕方から夜にかけての時間帯で開催していましたが、今年は、全日制と交渉し、土曜日13時~18時30分の間で開催することができました。土曜日に開催をするにあたって、金曜日にも準備時間をたくさん取ることができました。

今年度の1年生は縁日。地域で行うお祭りのような作りで、ヨーヨー釣り、型抜き、射的、ストラックアウトなどが、100円で全て楽しめるというものでした。

2年生はジェットコースター。鉄パイプを切り、それを土台として組み立て、教室の中を一周するというものでした。傾斜もあり、迫力がありました。

3年生は脱出ゲーム。教室を二つに分けて、鍵のかかった刑務所版と閉鎖された学校版を作成しました。難易度も高く、巷で話題になっている脱出ゲームさながらの作りとなりました。

4年生は、カジノと的当てゲーム。カジノでは、暗闇を作り出し、ダークな雰囲気の中で実際にチップを使ってブラックジャックを行いました。的当てゲームは、テーマパークにあるのと同様のもので、的を全部当てて倒したら、景品がもらえるといった内容のものでした。また4年生は、おでん屋台風の受付台を作り、そこでチケットを配布していたのが印象的でした。暗くなると屋台に

巨大な鳥居が目印の縁日会場

ダークな雰囲気を醸し出すカジノ

取り付けた赤ちょうちんが映えるなど、定時制の文化祭ならではの風景でした。

4 「教員・生徒（有志）」と文化祭の関連

クラスでなく、有志が企画を持ち込んでくれるものもあります。今年度のステージ発表（全員が揃って観るもの）では、テレビ番組を模したクイズ大会や大喜利大会を開催しました。ＩＣＴ機器を駆使し、出場者のプロフィール動画を流したり、リアルタイムで大喜利の点数が表示されたり、と本格的に実施できました。その他にもダンス（生徒に誘われて教員も一緒に）、独唱等々、様々な企画があり盛り上がりました。

生徒に負けず劣らずの出し物を教員（有志）も準備します。昨年度は生徒たちの間で流行っていたこともあり、ゲーム内で登場するダンスを完全コピーすることで、会場を沸かせました。

今年度は、校舎の外で実施することになったので、日が暮れた夜でも盛り上がれるようにと、サイリウム（ペンライト）を持ち有名なボカロの曲に合わせて「オタ芸」を披露しました。真っ暗な夜空にサイリウムの光が映えていました。そしてこの後、クライマックスの花火につながっていきます。

私は昨年度、各クラスの様子を見ながら、サプライズで花火を打ち上げました。コロナ禍ということもあり、様々な制約・ご意見等々ある中でしたが、県内の業者に請け負っていただき、打ち上げることができました。今年度も昨年度の流れで、教員の出し物の後に花火を打ち上げました。普段立ち入ることができない屋上に上り、誰よりも花火に近いところから来場者とともに花火を鑑

おでん屋台風の受付台

賞するのはとても趣深いです。

打ち上げ花火の様子（動画）↓

5　企画の準備～当日までの流れ

全体の本部企画や運営等については、生徒会役員と文化祭実行委員が中心となって活動をしています。各クラスの出し物については、各クラスの文化祭実行委員が中心となり進めていきます。本校は定時制高校であるので、昼休みの時間というものがありません。つまり、**長い休み時間が存在せず、授業と授業の間の休みも5分と短い**です。そのため、**開催時期が近くなったらＬＨＲ等の時間を効果的に使って準備する**というイメージです。大がかりなセットを組むということになれば、土日にも集まって作業をする学年もあります。通常であれば、文化祭の準備期間中は、教室を貸し切って、制作物もそのままに準備を進めると思うのですが、本校は全定併置校のため、**全日制も定時制も同じ校舎で同じ教室を使用することから、教室に置きっぱなしにするということはできません**。

毎年そこがネックになっていましたが、今年度は土曜日に文化祭を開催することができ、更に前日金曜日も13時から準備の時間が取れました。そのため、製作物をそのまま置きっぱなしにして当日を迎えることができました。また仕事の調整ができ、準備に協力できる生徒は自主的にその時間から準備を進めていました。そのかいもあって、今年度はかなり大がかりな準備ができたと思います。

6　教員の関わり、特に注意していること

学年によって教員の関わり方はそれぞれですが、どの教員も積極的に文化祭に関わっています。

文化祭を通じて、生徒同士の関係性や協調性が育まれていきます。しかし、**中学校で文化祭を経験していないのでどう動いたら良いかわからなかったり、仕事やアルバイトの都合で準備や当日参加できなかったり、様々な事情がある生徒たちなのでクラス全体をまとめあげていくのは容易ではありません。**しかしその中でも、学校行事に前向きに取り組む生徒もおり、個々の事情も理解しながら準備、運営を進めていました。どうしても上手くいかない時は、教員がサポートに入ります。時には教員がリードします。

文化祭では、**指示伝達の重要性や来客対応、当日のスケジュール管理など、普段の授業ではなかなか学習することができない内容を、文化祭を通じて身をもって体験することで、効果的な学習となる**と考えています。

各先生方も、近すぎず離れすぎずの適切な距離感をもって接しているように思います。

7 まとめ

定時制の高校であり、人数も少ないですが、**その規模だからこそできる文化祭が今後とも続けば良い**と考えています。**夜だからこそ、文化祭中に花火をあげることができる。夜だからこそ、会場のライトをどのようにするのか考える**といった工夫もそうでしょう。

今年度は、土曜日に開催して保護者や友人等も文化祭に呼ぶことになりました。すると昼間の時間帯も実施することになるので、更なる工夫が必要になりましたが、それがまた生徒の考える力を育てたと考えます。

「定時制だから〜できない」ではなく、「定時制だから〜できる」というフェーズに教員も生徒も意識が変化してきているのを実感しています。

ICTの活用で広がる文化祭の可能性

実践編②

多治見西高等学校附属中学校
小木曽賢吾

ＩＣＴの活用で広がる文化祭の可能性

多治見西高等学校
附属中学校
小木曽賢吾

勤続22年目。数学・ICT推進担当。現在の取得資格はロイロ認定Teacher、ロイロ授業デザイントレーナー、Apple Teacher Swift Playgroundsなど。高校１年時の文化祭で体育館の一面を覆う巨大壁画をクラスで作成し、新聞に掲載された思い出がある。

1　文化祭の位置づけ

本校では、建学の精神「誠心一筋に生き人の幸せの支えとなれ」を具体的に実践する場の一つとして文化祭を位置づけています。**主体的に取り組み、生徒自ら集団や社会に参画することで人間関係をより良く形成しようとする姿勢、合意形成を図ろうという姿勢、仲間と共に協働して課題解決していく姿勢を養う**ことをねらいとしています。

2　昨年と今年の状況

昨年度は新型コロナウィルス感染拡大防止のため、実施予定日の約１カ月前に開催中止となりました。例年は卒業生や保護者に来校いただいていましたが、今年は感染防止対策の強化により、在校生だけが文化祭に参加となりました。生徒たちが出し物を鑑賞する際には自由行動ではなくクラス単位で移動するなど、生徒の活動にも多くの制限がありました。

クラスの出し物にも変更があり、①動画作成、②演劇、③パフォーマンス、④展示作成の四つの中からいずれかを選択となりました。準備の際にも消毒などの対策を実施することによって、なんとか予定通りに開催することができました。

3　ＩＣＴと文化祭

私は文化祭運営の担当ではなくＩＣＴ推進担当として生徒会の生徒や分掌の先生方をサポートしてきました。そういった立場からお伝えできるＩＣＴを活用した本校の事例を6点ほど紹介します。どれか一つでも参考になれば幸いです。

(1)　生徒会執行部の共同編集でスケジュールとタスクの管理

教員と執行部や文化祭実行委員等で連絡の行き違いや対面での話し合いを少しでも減らせるよう、ＰＣやタブレットでスケジュールやタスクを共有するために「共同編集」の機能を利用しました。**共同編集とは、一つのファイルを複数人で同時に扱うことができる機能です。**つまり、誰か一人が書き込むとほぼ同時に他のメンバーにも反映される仕組みです。これによって、お互いの共通理解を図るだけでなく、生徒たちが主体的に自走することを助けることができ、内容をより深化させられたのではないかと考えています。執行部の当日の動きや注意事項、司会の原稿などもこの方法で共有していました。

今回、共同編集で使用したアプリはKeynote（Apple）です。これ以外にもWord（Microsoft）やスプレッドシート（Google Chrome）などでも共同編集が可能で、許可した人に書き込みや閲覧ができる便利な機能です。これを生徒同士だけでなく教員とも共有することで進捗確認もしやすくなりました。

共同編集の方法についてですが、どのサービスのファイルにも「共有」というメニューがあり、そこから相手のＩＤを指定することで共同編集が可能になります。

(2) ロイロノート・スクールで全校に連絡配信

執行部からロイロノート・スクール（以下「ロイロ」）を通じて全校生徒に連絡を送っていました。クラスの企画に係る連絡事項や注意点、表彰の審査基準や当日のしおりなどを直接全員へお知らせすることで、確実に情報を届けるように配慮しているだけでなく、ペーパーレス化を意識して活動していました。

実際の運用としては、生徒たちが作成した資料を生徒会担当教員へ送って内容をチェックしてもらいます。その後、担当教員から全校生徒へと配信します。クラスごとに送信するのは手間取りますので、ある程度の人数をまとめたクラスを新しく作成し、そこに生徒会担当教員も割り当てて全校生徒へ送る流れ

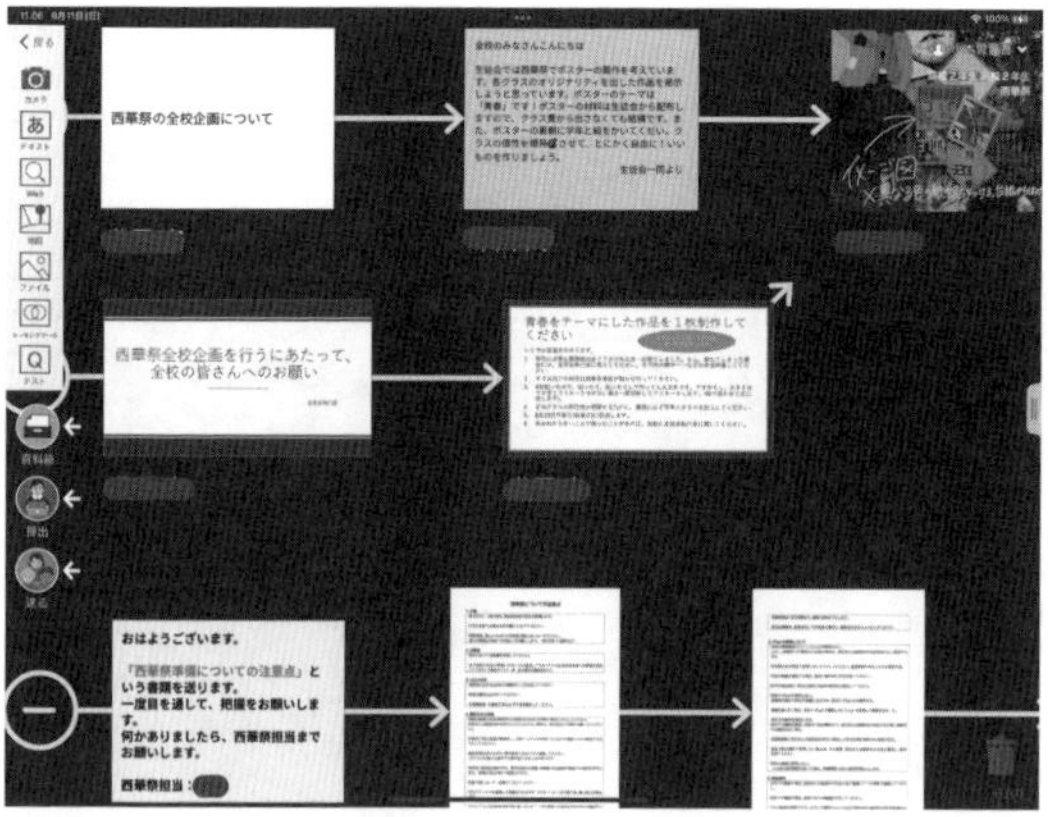

生徒会から配信した文化祭についての注意項目やしおりの例。全校生徒と教員へ同時に送っている

にしました。生徒からすると全く知らない先生からも連絡が来ることになりますが、回を重ねると慣れてくるようです。

(3) クラス制作は演劇、動画制作、パフォーマンス、展示から選択

過去には、うどんや焼き鳥といった飲食物の販売やお化け屋敷の体験などの出し物がありましたが、感染対策のために直接触れ合う機会が多そうな出し物は行わず、演劇、動画制作、パフォーマンス、展示のいずれかとなり、入場や鑑賞の方法を工夫して実施となりました。

ＩＣＴ担当の仕事としては、全校生徒が動画編集をできるように生徒端末のiPadへ「CapCut」というアプリをインストールしました。もともとiMovieというアプリも入っていますので生徒たちは使いやすい方を選べるようになっていますが、多くの生徒は「CapCut」を利用したようです。直感的に編集できるので教員側から使い方の説明はしていないのですが、編集の仕方は自分たちで調べる生徒たちがほとんどで、ＩＣＴ担当に質問してくる生徒はほとんどおらず、自分たちで表現したいように作成できました。

演劇やパフォーマンスの出し物は事前にあらかじめ撮影して動画にしておきました。鑑賞する際には実際の演技を見ることができるクラスを限定し、各クラスが均等に鑑賞できるように配慮していました。また、見られなかった演目は動画をZoomで配信することでカバーしました。自由に見て回らせてあげたい気持ちもありますが、今年開催するにあたっては仕方のない対策であったとも思います。

クラスの動きとしては実演を見たり、実演を見られなかった動画をZoomで見たり、指定された場所の展示鑑賞に行ったりと、それぞれにスケジュールされていました。

（4）体育館音響のマニュアルを生徒が作り、誰でも確認できるように資料箱（共有フォルダ）に保存

音響機材の扱い方は教員でもなかなかできない場合があります。そこで、生徒会執行部の生徒に機材の扱い方についての説明を、私が直接話しながらその場でマニュアルを作成してもらいました。そして、その資料を全校生徒だけでなく教員も閲覧できるようにして資料箱に保存しておきました。

執行部に具体的な操作方法を説明する際、写真やメモなどを取らせ、アプリ「Pages」で作成してもらいました。「Pages」とはWordのようなアプリで、iPadには標準でインストールされています。

操作方法に関する**マニュアル**作成については、生徒が質問してきた機会があるたびに**作ってもらうようにしています**。これによって、マニュアルを作成する生徒が扱いを深く理解してくれるだけでなく、いままで一つひとつのクラスに扱い方の説明をしていた手間を省くことができたため、全体として質問も減り、正しい使い方をしてくれるようになった効果があったと考えています。

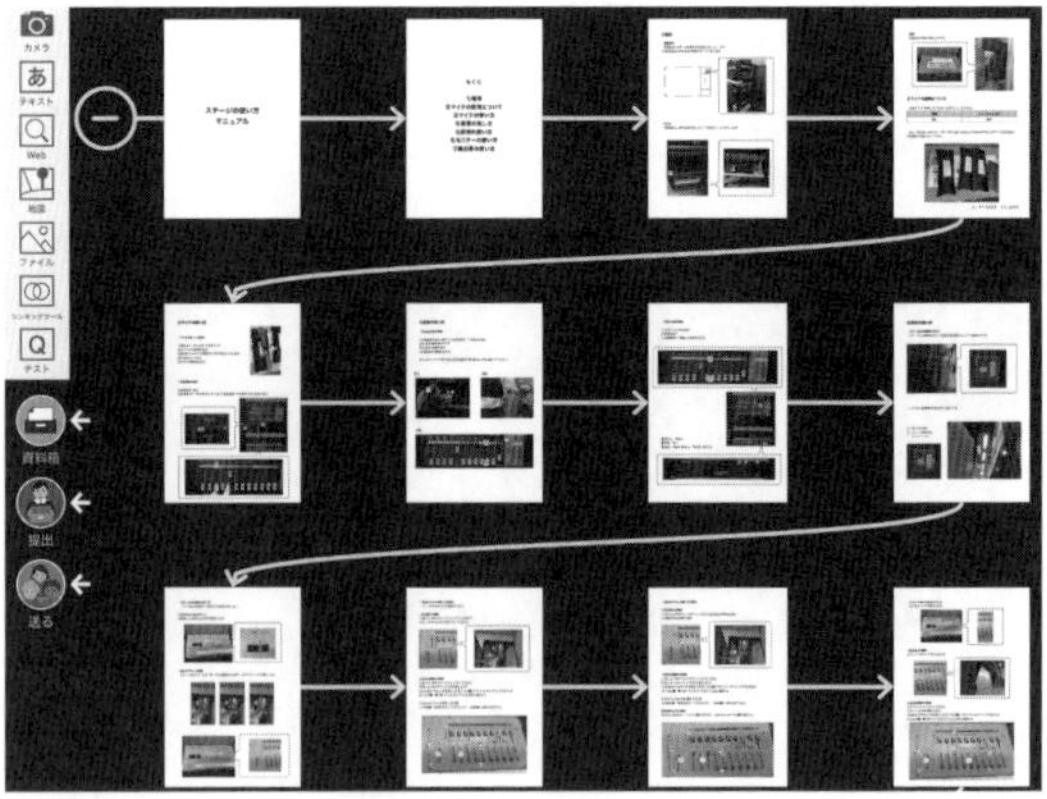

生徒が作成した音響のマニュアル。「資料箱」と呼ばれる共有フォルダに入っており、いつでも取り出せる

（5）Air Dropでクラスの制作動画を回収

クラスで作成された動画はZoomでビデオ配信をすることになります。その際、Zoomがうまく配信できない

クラスがどうしても出てきてしまいます。その際の対策として動画データを学校サーバーにも保存し、該当データをＰＣ端末などにコピーして直接再生させることができるようにバックアップを確保することにしました。バックアップの方法について、最初は各クラスごとの動画をYouTubeでアップしてもらうことを検討しました。しかし、劇中に使用されている音楽等の著作権を心配したことと、校内ＬＡＮが不安定な場合にはYouTubeからでも再生できないことなどからサーバーへの一時保存としました。

サーバーへ保存する際、本校の生徒端末は全員iPadのため、学校用MacへはAir Dropで簡単にデータ移行ができました。Macからサーバーへの保存も容易であったため、生徒の動画提出先をＩＣＴ担当に一元化することができました。バックアップ用のデータをサーバーへ保存することによって、クラス担任が動画を取り出しやりやすかったようです。

⑹　本番は全クラスにZoomでビデオ配信

文化祭の開会式や閉会式では、司会進行を生徒会執行部が行いました。Zoomの接続は文化委員会が担当することにし、教室に配備されているプロジェクターとAppleTVを利用して接続練習や操作方法の確認も複数回行いました。

Zoomを安定して配信できることが文化祭の成否を分けるため、校内に配信スタジオを設置し、スペックが比較的高いＰＣから配信を行いました。このＰＣに外付けマイクをつなぎ、司会者の声量バランスをとりながら届けました。また、Webカメラも用意することで「音声」、「画像」、「配信」の各作業を端末ごとに切り分けました。これによって司会者と配信オペレーター（教員）の役割を完全に分離することができ、急なトラブルにも対応しやすかったです。また、ＩＣＴサポート教員も何名かスタンバイし、そのメンバーはTeamsなどのチャットツールで連絡を取り合い、不具合のある教室へ対応に走ることもありました。

Zoomのアカウントは学校で取得している有料ライセンスを割り当てて、時間制限などにかからないようにもしました。

4 企画の準備～当日までの流れ

本校では文化祭の運営を文化委員会を中心に半年近く前から少しずつ準備をしていきました。オンラインでの開催はもちろん経験がなく、感染対策もしながら実施するより良い方法を常に模索していたように感じます。ただ、始めのほうにも書きましたように、私はＩＣＴ担当として運営のサポートをする側ですので、具体的な企画の準備や当日までの流れをきちんと把握できていない面もあります。当然ながら、生徒会担当教員の準備があった上でのことですが、月に数回ほどは生徒たちが質問にやってきて、運営のメンバーでスケジュールの共有をする方法やZoomの配信についていろいろと伝えることができました。そういった面から準備を支えることで生徒会の運営のメンバーたちが主体的に動ける雰囲気をつくることができ、結果的に文化祭を成功へと導くサポートができたのではないかと考えています。

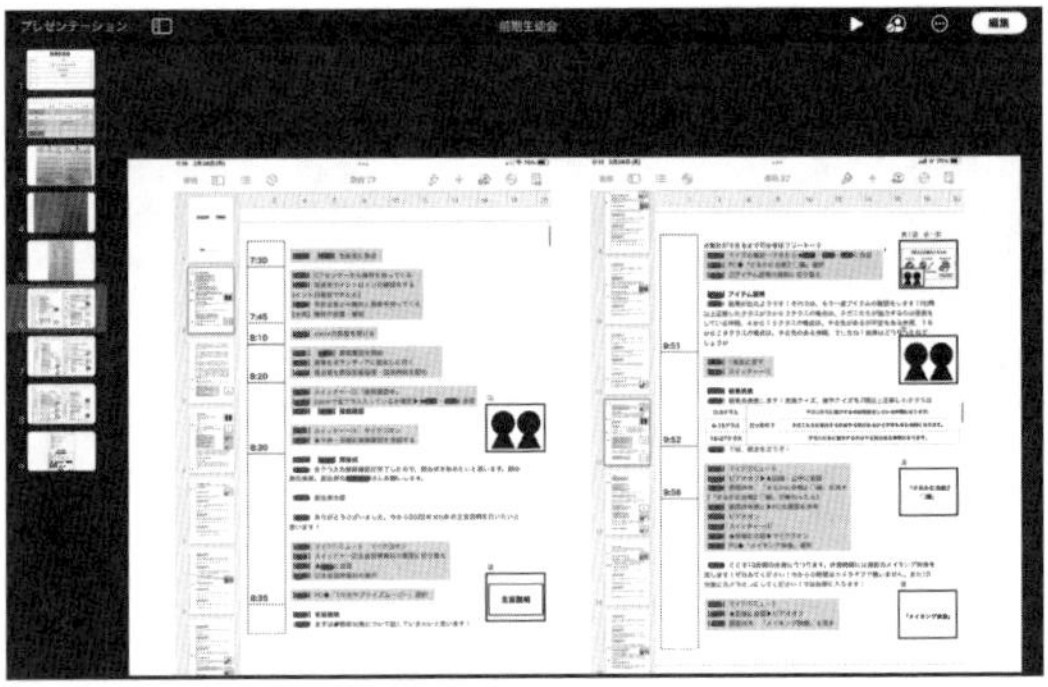

執行部がKeynoteで共有した台本。Zoom配信時のカメラやセリフ等を同時確認できるようにしている

5　教師の関わりとして意識していること

私の立ち位置からすれば、出過ぎた真似をすると担当教員に迷惑がかかる場合もあります。とは言え、ある程度のアイデアと具体的な方法を伝えなければ進行が難しい面もあったことでしょう。そこで、**実施するならこういう形というものを自分の中に幾つかイメージして、いざというときに話せるように心がけていました。**実際、担当教員が相談に来ることもありましたし、運営の生徒たちが相談に来ることもありました。その際には、**現状でできそうなことと、それによるメリットとデメリットをなるべく話し、最終的な判断を運営側に委ねる**ことに注意を払っていました。

6　まとめ

学生時代の思い出を語るとき、文化祭を挙げる人も多くいます。その出し物がうまくいったのかどうかもありますが、**みんなで本番に向けて準備をした過程そのものが色濃く心に残っている**ように思います。また、**普段の学校生活ではあまり目立たなかった子が文化祭で大きな力を発揮するなど、活躍と学びの場として文化祭は大きな意義がある**と考えます。

コロナ禍においては学校行事を行えず、文化祭の意義や在り方を大きく見直しました。しかし、こういった状況であるからこそ子どもたちに求める協働性が我われ教員たちにも求められているのではないでしょうか。イベントは協調性を磨く良い機会です。**文化祭もＤＸ（デジタルトランスフォーメーション）のきっかけとなることを期待**しています。

コラム 2

全校生徒による壮大な「探究」

「探究」という言葉が浸透してきました。探究は、特定の教科・科目でのみ実践するのではなく、「全ての教育活動」で実践することが求められています。探究は、身の回りの課題を発見し、目的を明確にして仮説を立て、課題を解決する方法を工夫して実践し、その結果を客観的に評価して周囲に発信するというものです。リーダーとして活動を推進する人や、本来の課題（目的）から外れていないかを常にチェックする人、得られた結論を広報する人など、探究では役割を明確にする必要もあります。

探究では多くの場合、身の回りの探究テーマを決定するときが一番苦労します。そして探究の指導においても、探究専門の教員はいないわけですから、どのように指導すればよいのか、指導しすぎると生徒の主体的な活動にならないのではないか、助言にとどめたいがその線引きが難しい、などと悩みは尽きません。端的に言ってしまえば、探究の指導は難しく、手探りの状態で進めている学校現場は少なくないと思います。

ここまで書いてくれば、読者の皆さんはもうお気付きのはずです。探究のテーマを、たとえば「生徒会を中心にした文化祭の内容と運営方法を開発しよう」に置き換えて考えてみると、探究活動にぴったりとはまります。非常に身近で自分たちの楽しみに直結するテーマですから、生徒たちはすぐに役割を決めて活動を始めます。教師は指導ではなく助言する側であることを明確にメッセージとして発信すると、生徒たちは「自分たちですばらしい文化祭を作るぞ」と積極的に取り組みます。このとき、教師はできるだけ口を出さず、見守るようにすることが成功のカギです。

（川勝和哉）

探究活動としての高校文化祭

実践編③

兵庫県立姫路東高等学校
川勝和哉

探究活動としての高校文化祭

兵庫県立姫路東高等学校
川勝和哉

高校勤務34年、主幹教諭、SSH推進部長、文化部長。探究活動に関する教科書や多くの著書がある。2011年・2014年野依科学奨励賞、2013年文部科学大臣優秀教職員表彰、2017年東京理科大学優秀指導者表彰、15年連続神奈川大学優秀指導者表彰。

1　はじめに

コロナ禍初年度は、パンデミックにどう対応してよいかわからず、「とにかく活動の自粛」でしたが、そのうち社会活動が徐々に再開されるにつれて「学校行事を少しずつもとの状態に戻していこう」と考えるようになったように思います。しかし、コロナ禍の流行の波は何度も訪れ、今後はコロナとどのように付き合っていくべきか、という議論になってきました。しかし、感染拡大を防ぐために、行事の参加人数を制限したり、会場内の人流を抑えて密にならないように工夫をしたりと、とてもコロナ禍前の状態に戻すことは難しいと感じます。生徒の中には「行事がなくなったり制限されたりしてつまらない」、教員の中にも、「以前はできていたことができなくなって生徒がかわいそう」という思いが募ります。

ところで、「明日雨が降ったらどうしよう」と心配したところで、降るものは降りますし、それを個人の思いでどうすることもできません。同じように、いつまでコロナ禍が続くのかと悲観してみたところで、教師には社会からコロナをなくす力はありません。とすれば、コロナ禍の状況下で、どのように教育活動を進めていくかについて、「以前にどう戻すか」ではなく、**「新しい視点で構成し直す」**という発想をもった方が得策です。決して、「コロナ禍を良い機会に」などと言っているのではありません。多くの患者や死者が出ている状況の中で、教育活動を推進していく教師には、その手腕が期待されているということです。

よくよく考えてみると、**生徒も学校内の状況も年々変わっていくわけですから、コロナ禍のような何か大きな出来事が起こったときに学校行事をどうするか考えるのではなく、本来は毎年検討が行われるべきなのではないかと思います。**前年度実施の要項をただ踏襲するだけでは、より良い文化祭をつくることはできないのではないでしょうか。

２　文化祭のありかたを見直す理由

従来の本校の文化祭は、文化部展示や飲食のバザーを学校で実施する１日目と、近隣の文化センターで音楽系の部活動や演劇部などの発表を行う２日目からなっていました。しかしコロナ禍によって、校内での自由な行動は密な状態をつくってしまい、また飲食は最も感染の可能性が高いとされ、いずれも制限をかける必要が生じます。文化センターでの部活動の成果の披露も、そもそも自由な練習ができず、座席を埋めての着席で密な状態を生じてしまいます。文化センターの周囲も、生徒でいっぱいになって、密な状態になるでしょう。昼食はどこで食べるのか、手洗いの場所は確保できるのか、などの問題点を考えると、実施は困難と判断されました。つまり、最も簡単な対応方法は、文化祭を中止することでした。

しかしこれは、従来と同じ活動をしようとするからこそ直面する問題です。文化祭をやめるのであれば、何らかの代替措置を考える必要があります。文化祭は生徒の教育活動上の意義があって実施しているわけですから、単に中止するということであれば、生徒をがっかりさせるだけではなく、「文化祭には意義がない」ということを教師が生徒に示すことにもなるのです。そのことを生徒は強く感じ取っていました。

3 生徒と教師が作る新たな文化祭

本校では、生徒に「どのような文化祭をつくりたいか」というアンケートを取りました。アンケートの作成と取りまとめは生徒会が行いました。本来は生徒のものである学校行事ですが、いつの間にか慣例に従って実施してきていたので、新しい発想を求めたわけです。教師からはなかなか新しい発想は出てこないのですが、新生徒からは様々な希望が出てきました。従来なら「そのような企画は没」となっていたかもしれませんが、新しい視点で考えようということで、多くを採用した新しい文化祭になりました。**こんなにも多くの生徒が、自分が主役になった文化祭を望んでいたのかと驚かされました。**もちろん新しい企画ですから、すべてを作り直さなくてはなりませんが、生徒会が主体的に活動してくれたおかげで、生まれ変わった文化祭は大盛況となりました。一方で、教員の関わりの度合いは、かえって低くなったのではないかと感じます。

4 文化部の発表

これまで1日目の文化部の発表は各活動教室で行っていたため、その部活動に興味をもって足を運ばないと、活動内容を知ることができませんでした。そこで、校内に展示を分散させるとともに、生徒会の発案で、すべての文化部が工夫を凝らした楽しいビデオを事前に作成し、Zoomで全クラスに配信することにしました。展示を見て回るクラスと、Zoomを見るクラスを時間的にずらすことによって、人流を抑えながら文化部の活動を全員が知り、文化部の人気も上がりました。

また、従来の食品バザーに変えて、生徒による企画が多く行われました。文化祭のテーマに沿ったパネルを作成するパネルコンテストや動画コンテスト、それにストラックアウトや手作りボルダリングなどのアトラクションコンテストなどがあちこちで展開され、それらは生徒の投票で審査され表彰されました。当初は「タコ焼きを作りたかった」といった意見も聞かれましたが、いざやってみると、大盛り上がりとなりました。また、文化部だけではなく、クラスとしての一体感も欲しいということで、クラスによる展示発表をしたり、お揃いのTシャツを作ったりもしました。そういう自由な雰囲気が育っていったと感じます。

２日目に近隣の文化センターで行っていた舞台発表では、舞台出演者を増やすことにしました。出演者を増やすとかえって密になるのではないかと考えやすいのですが、出演者を増やして集合時刻をずらしたり、控室な

食品バザーの代替として企画されたアトラクションが大盛況

全てのクラスにZoomで文化祭紹介の動画を配信

どに分散して生徒を配置することによって、密になることを避けることができます。また、これまでは、吹奏楽部や演劇部、邦楽部などの舞台文化部だけが発表していたので、運動部の生徒にとっては、「わざわざ文化センターまで来て一方的に聞かされる」という思いをもつ生徒もいたようです。今回、有志の出演希望者を募ったところ、希望の生徒が多く現れ、事前に選考会をもたなければならない事態になりました。これまで、お客さんとして参加するだけだった文化祭が、「自分も参加する」という思いに変わっていったのだと思います。バンドやダンス、珍しいところではコマ回しなど、多彩な有志が舞台で発表し、大きな盛り上がりを見せました。

5 課題研究の内容を発表

本校では、1年～3年まで理系文系を問わず全ての生徒が課題研究に取り組んでいます。年2回の生徒研究発表会や、本校主催で他の小中学生や高校生らを招いて盛大に行う「Girl's Expo with Science Ethics」を開催していて、課題研究の発表の場は多くあります。

研究発表会で、科学部が生徒の興味を引くために演劇的な要素を取り入れた研究発表をしました。すると、生徒アンケートの中に、「生徒全員が課題研究をしているのだから、科学部のように舞台で発表したい」という

有志によるステージダンスで会場が湧いた

有志によるコマ回し芸の披露に会場全体が集中した

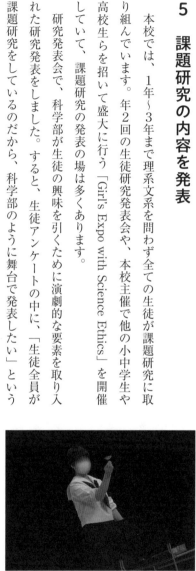

提案が出てきました。発展的な提案はすぐに生徒によって具体化され、全校生徒の前での堂々とした研究発表に対して大きな拍手が送られました。

６　教師の関わり

最近の教育では、生徒の主体的で対話的な活動が重要視されています。本校の生徒は無意識のうちに、「去年はこうだったから今年もそうだろう」と感じていました。レールに乗って日々の行事が進んでいくという暗黙の了解があったのだと思います。

教師は、良くも悪くも生徒に「指示」をしたがります。そして、指示に従ってきちんと動く生徒が「良い生徒」と考えやすいのです。しかしそれは、「教師にとってやりやすい生徒」ということかもしれません。これまで長い間、教師の仕事は「教えること」でした。もちろんいまでも、教えることは大切な教育の一部です。それに加えて、現在の教師の役割は、**生徒が主体的に考えて行動しようと動き出す「仕掛け」をつくり、動き出したらその「手助け」をする**時代です。特に文化祭のような学校行事では、**教師は「助言」をするにとどめておくことが、文化祭を盛会に終わることができるコツ**なのではないでしょうか。

２０２２度から、全ての高等学校で「課題研究」が行われています。課題研究は自然科学に関するテーマについて探究するだけではなく、社会科学や科学の倫理など、そのテーマは多岐にわたります。たとえば本校のように、**生徒がチームをつくって文化祭をどのように開催するかについて考えることは生きた探究**です。広い視点で探究をとらえれば、生徒の主体的な取組を教師は支援し、生徒の対話や議論に対して必要に応じて助言すること、得られた成果を生徒が他の生徒や教師にプレゼンテーションすることは、立派な探究活動です。**授**

業中の特定の科目の中でのみ探究を行うのではなく、生徒の学校内での活動すべてを探究的な視点で見ることによって、教師の関わり方も自然と変わってくるのではないでしょうか。

7 まとめ

学校の立地する場所の行政や環境、それに学校ごとの校風や状況によって、文化祭のあり方はそれぞれ異なると思います。学校ごとに工夫をすれば、意味のある文化祭が可能ではないでしょうか。生徒会が活発な学校であれば、大きな枠組みを示しておいて、その中で自由に企画させてみるのもいいでしょうし、そうでない学校では、小さな企画を提案させることから始めるのもいいと思います。私はいろいろな学校に赴任しましたが、**「本校の生徒には難しいのではないか」と感じている学校であっても、生徒に考えさせてみると、思いのほかいろいろな提案が出てくる**ものです。教師の側が生徒の主体性や自主性の芽を摘んでいるということはないでしょうか。大切なことは、**日ごろから生徒とのコミュニケーションが取れていれば、たいていのことはうまくいくということです。**

コロナのせいにして教育活動から安易に撤退するべきではありません。先人たちも工夫を重ねて文化祭を作り上げてきたのだろうと思います。毎年生徒が主体的な探究活動として文化祭を見直して新たに構築し、その提案によって新しい学校行事を作るには、気力と体力と時間が必要ですが、**その過程や実施から得られる成果は、予想以上に大きい**と思います。

学校図書館は生徒の活躍の場

実践編④

埼玉県立浦和第一女子高等学校
木下通子

学校図書館は生徒の活躍の場

埼玉県立浦和第一女子高等学校
木下通子

勤続38年のベテラン学校司書。現在、担当部長兼主任司書として高校図書館勤務。社会教育士として、学校や子どもの居場所に本を置く活動を展開中。中・高校と合唱部だったので、自分の文化祭の思い出は部活の発表の思い出。

1 はじめに

保護者や中学生、約1万人の来場者が、手作りのアトラクションの順番を待つ。模擬店も混雑していて食べる場所を探すのも一苦労。それが、本校の通常の文化祭の様子でした。ところが、新型コロナウイルス感染拡大の影響で様子は様変わり。２０２０年の文化祭は中止。２０２１年は在校生対象の校内公開。２０２２年は在校生の保護者と抽選で当たった中学生が参加できる限定公開での文化祭公開でした。

私が現任校に着任したのが２０１８年。当時は、図書委員会は文化祭に参加していませんでした。学校の様子もわかってきて図書委員会の活動も軌道に乗ってきたので、いよいよ文化祭と思った矢先のコロナ禍。この原稿では現任校の実践だけでなく、司書がいる高校の文化祭との関わりをお伝えします。

2　文化祭のねらいと、昨年今年の文化祭の状況

本校では、「一女祭」として体育祭を6月に、文化祭を9月初旬に開催しています。体育祭の目玉は、３年生各クラスによる仮装発表で、シナリオ、衣装、振り付け、音響、大道具など、クラス全員が一丸となって、ジブリやディズニー、映画などの一コマを題材にパフォーマンスをします。

３年生は文化祭でも引き続き、同じテーマをモチーフに部屋の装飾をするクラスが多く、転勤してきたときにはクオリティの高さに驚きました。手作りの装飾を捨てるのが忍びなく、図書館で引き取って飾っています。その3年生の活動を見て、１・２年生が学ぶというのが本校の伝統です。本校はいわゆる進学校ですが、受験勉強は「一女祭」の一連の行事が終わってから本格的に開始する3年生が多いようです。学校としても、**協力して行事を創り上げることや段取力を身に付けることが大切**と、生徒が自主的に活動する行事に力を入れています。ところが、コロナで状況は一変しました。

昨年は展示発表のみの校内公開。オンラインでの取り組みが進んだので生徒会が昼食時間に校内放送で「文化祭ラジオ」を開催。事前に生徒からリクエスト曲やおたよりを募って、それをＤＪ風に紹介する放送を配信しました。コロナ禍の工夫から生まれた取り組みです。

今年は入場時間と1年生の保護者、2年生の保護者など、入場する方を区切っての校内公開となりました。飲食の出店はできませんが、お化け屋敷やジェットコースターなどのアトラクション参加は感染対策をしながらできるようになり、少しずつ活気が戻ってきました。

3 「学校図書館」と文化祭の関連

学校図書館にとって、文化祭はとても相性のいいイベントです。図書委員会として主体的に参加をしていない場合も、**全校生徒に図書館を活用してもらえるチャンス**だからです。

いちばん利用してもらいやすいのは資料探しの場としてです。いまはインターネットでなんでも探せる時代ですが、自分たちが描きたいキャラクターを雑誌や本で見つけたり、装飾のヒントを探したり、化学部などは実験の本を見て、お客さんに楽しんでもらえる実験を考えたりします。

図書委員会主催で取り組みやすい活動としてよくあげられるのが、「古本市」「クイズ」「しおりづくり」「ビブリオバトル」などです。コロナ休校以降は動画配信などのハードルが下がり、高校生も自分のスマートフォンで動画を撮影して公開することも増えました。文化祭もスマートフォンを活用した取り組みが増えてきています。図書委員会が動画で本の紹介をしたり、シナリオを書いてちょっとしたお芝居をしたりしています。

文化祭はクラス全員参加の学校がほとんどですが、図書委員には**クラスに馴染めない生徒もいて、文化祭が活躍の場になることもあります**。前任校でビブリオバトルを企画した際には、文化祭を見に来た一人でも多くの一般客のみなさんに、ビブリオバトルの投票に参加してもらいたいと、ポスターを作ったり、呼び込みをしたり、活躍してくれた生徒もいます。**クラスに馴染めなかったり、部活動に参加していない生徒が本を通して自分を表現できるのも文化祭の醍醐味**です。

4　図書委員会主催の「謎解きクイズ」

文化祭は、クラスと文化部が主役。本校では、特に3年生は最後の行事として、文化祭のクラス発表をクラス一丸となって行います。そこで、図書委員会の文化祭は、最初に希望して係になった文化祭班が担当しています。

本校の文化祭は夏休み明けすぐの9月なので、準備は6月から始めます。月一回行われている定例図書委員会で、今年の文化祭参加の内容を決定。昨年は、図書館で「謎解きクイズ」を出して参加しました。文化祭パート7人がクイズを考える係、装飾係と分かれて作業を行い、当日は四つのクイズを貼りだして、オリエンテーリングのように館内を探して回り、全問正解をした人には、手作りのしおりをプレゼントしました。

5　古本市とビブリオバトル　―前任校での取り組み

前任校では、文化祭の際に「古本市」と「ビブリオバトル」を行っていました。文化祭は9月で夏休みを挟むので、前任校でもどちらも準備は6月頃から開始していました。

・古本市

「古本市」は本を集めるために、クラス掲示用のチラシを作り、古本募集

クイズの景品の手作りしおり

文化祭謎解きクイズ

の告知をするところから始めます。夏休みに入る前までを期限とし、各クラスに回収箱を用意し、クラスの図書委員が回収していました。夏休み中に担当の生徒が集まって、付箋を使って値段をつけます。本の価格は100円、50円、10円の3段階にしていました、ハードカバーで新しい本は100円、文庫本は基本的に50円。古めの本は10円として、金額別の色の付箋を本につけて本を並べます。提供していただいた本で売り物にならない本は「ご自由にお持ちください」のコーナーにして差し上げていました。古本市では、事前におつりも準備しなくてはいけません。お金の管理は生徒ではできないので、おつり分を教職員で立て替えて10円、50円、100円を2000円分用意し、売り上げで清算していました。

・ビブリオバトル

みなさんは、「ビブリオバトル」を知っていますか?

ビブリオバトルは、誰でも開催できる本の紹介コミュニケーションゲームです。「人を通して本を知る。本を通して人を知る」をキャッチコピーに全国に広がり、小中高校、大学、一般企業の研修・勉強会、図書館、書店、サークル、カフェ、家族の団欒などで、広く活用されています。現在は教科書の読書活動の事例としても取り上げられ、中学生年代から全国大会も行われるようになり、知名度があがりました。

公共図書館や市民が主催するビブリオバトルでは、定期的に曜日や時間を固定して行っているところもありますが、学校のビブリオバトルでは、学校の予定を見ながら日程を調整します。図書委員会が主催する場合は、まず、参加者全員を4~6名ずつのグループに分け、同時並行にビブリオバトルを行い、それぞれのグループでチャンプ本を紹介した人が、みんなの前で発表する形をとることもあります。文化祭などのイベントの際は、事前に予選を行い、勝ち上がったバトラーがステージで聴衆に向けて発表する形態で行うことが多いです。前任校では、校内で定期的にビブリオバトルを開催していたので、そのビブリオバトルで選出されたバトラーと、地域の他校の生徒にバトラーとして参加してもらい５人のバトラーでビブリオバトルを行いました。

〈ビブリオバトル公式ルール〉
①発表参加者が読んで面白いと思った本を持って集まる。
②順番に１人５分間で本を紹介する。
③それぞれの発表の後に、参加者全員でその発表に関するディスカッションを２～３分間行う。
④全ての発表が終了した後に、「どの本が一番読みたくなったか？」を基準とした投票を参加者全員が１人１票で行い、最多票を集めた本をチャンプ本とする。
（「知的書評合戦ビブリオバトル公式サイト」より、許可をいただき転載）

当日は、ビブリオバトル普及委員会の公式ルールにのっとり、発表５分、質問タイム２分で行いました。ビブリオバトルを行事で行うよいところは、発表時間が決まっているのでスケジュールが組みやすいところです。５人のバトラーだと開会式と表彰も合わせて約１時間で終わるので、運営にあたる生徒やバトラーとして出場する生徒も自分のクラスや部活動の発表の時間を考えながらスケジュール調整できていました。

６　生徒と関わる上で気を付けていること

図書委員会が文化祭に参加するときに、気を付けていることとしては、生徒の自主性を尊重するということです。図書委員会の文化祭参加は強制ではないので、どんな企画で文化祭に参加するか、クラス企画や部活動の企画との兼ね合いも考えて、無理のない範囲で参加しています。

現任校では、図書館を文化祭期間中も開放していますが、前任校では図書館の立地の問題もあり、文化祭期間中、図書館は閉館して別の場所を割り当てられて参加していました。

7 まとめ

近年、司書のいる学校図書館では、図書委員会と協力して積極的に文化祭に参加するようになってきました。模造紙を使っていろいろな人が「おすすめ本」を紹介したり、書名をつなげて書いていく「書名しりとり」。「しおり」を作ったり、「折り紙」で作品を作ったり、「ブックエンド」を手作りする工作。そして、ＩＣＴ機器を使いこなせるようになった昨今、流行っているのが動画づくりです。ある学校の図書委員会では、有名小説家の短編小説を劇に仕立て、それを映像化して文化祭で発表したそうです。

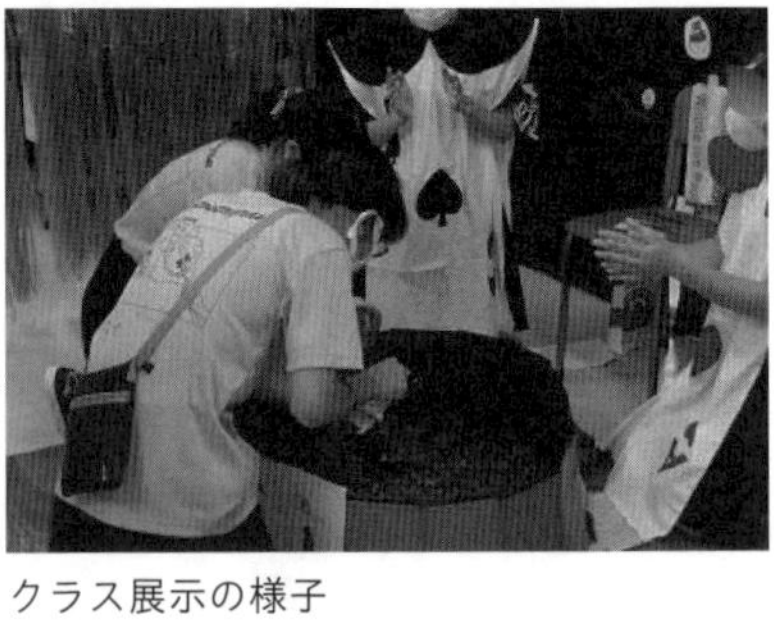
クラス展示の様子

コロナ後、飲食などの模擬店が制約され、文化祭も縮小傾向のようですが、違う形で変化してきています。デジタルと図書館は相性がいいので、どんな進化を遂げるか楽しみです。

生徒に人気の
飲食模擬店
出店の手順と注意

実践編⑤

小林雅実
東京都立保谷高等学校

生徒に人気の飲食模擬店出店の手順と注意

東京都立保谷高等学校
小林雅実

教職歴38年目で、現在は２年生の担任。担任外では、これまで生活指導部をはじめとして進路部や総務部の分掌を担当。家庭科教員として常に文化祭の飲食企画に携わってきた。

1　はじめに

文化祭は、数ある学校行事の中で修学旅行や体育祭などと肩を並べる大きな行事です。中でも飲食模擬店は生徒たちに人気があり、文化祭当日も多くの集客が期待されることから企画の花形とも言えます。様々なコンセプトに沿った料理や室内装飾などの工夫を凝らすことができます。しかし同時に、金銭のやり取りが生じることや衛生面での管理も慎重に行うことが求められ、安易に取り組むことは絶対に避けなければなりません。生徒の主体性を尊重しつつも、担任をはじめ生活指導部・家庭科教員・養護教諭と連携し学校全体としての指針と指導が成功の大きなカギとなります。

2　昨年今年の文化祭の状況

本校の文化祭は、ホームルームを単位とする1～3年生までの全クラスと、委員会・部・同好会などの有志団体の参加により実施されています。校内はもとより**保護者や中学生、地域の人々にも発表して交流を深める重要な行事**として位置づけられています。生徒たちは**文化祭を通して、集団への所属感や連帯感を深め、協力してよりよい学校生活を築こうとする自主的・実践的な態度を育んでいきます**。

しかしながらコロナ禍においては例年のような形態での実施は難しく、この数年は試行錯誤しながら行ってきました。昨年度は保護者や一般の人々の来校は見送り、時間をずらして学年単位で実施しました。制限が多い中、協力して相互の努力を認め合い工夫しながら取り組み、当日はワークショップやアトラクションなどクラスの枠を超えて楽しみました。２０２２年度は3年ぶりに一般公開を行いました。Webによる事前予約制にしたり演劇会場内の観客人数を例年より減らしたり、飲食模擬店は行わないなどの制限を設けましたが、全学年による文化祭を実施してたくさんの人々に来校していただきました。生徒はもちろんのこと、従来の形式の文化祭を初めて経験する教員も多く、運営にあたり数々の混乱や一部不備もありました。しかし、これまでの伝統を守りつつ新しい形の文化祭の形態を築くことができました。

3　「飲食模擬店」と文化祭の関連

飲食模擬店（食堂・喫茶）は、文化祭期間中の食事の提供という大きな役割を担っています。内容や調理方法・販売数の検討など、それにふさわしい企画内容にするために計画を練り、試作会を行うなど試行錯誤して取り組んでいきます。さらに企画のコンセプトに沿った教室内の装飾や当日の接客・金銭管理など様々な役割を必要とし、**クラス全員の協力と個性が発揮される貴重な機会**となります。本校では、家庭科の授業内容や使用する施設・設備の関係により、**「家庭基礎」の食分野で調理と食品衛生について学習している2学年に限定**し、保健所から調理台と盛りつけ台は分けるようにと指導されており、台数から割り出して4団体までとしています。

4　飲食模擬店のポイント

(1)　販売商品の検討

本校では内容により以下の四つに分け、調理品は加熱調理が必須です。

【食堂】主食（調理室使用）となるものを扱います。

【食堂（屋台）】下ごしらえのみ調理室で行い、中庭などの屋外で調理・販売します。天候に左右されますが、目前での調理のパフォーマンス披露やできたてを提供できることから人気があります。

【喫茶】軽食・菓子（調理室使用）を含み調理の簡単なものを扱います。

【縁日】軽食、菓子（調理室使用不可）調理は行わず購入したものをそのまま（未開封の容器で）提供します。

商品は多くの人の嗜好に合った内容であると同時に、大量調理ができることや仕入れ面や販売価格などを総合的に検討して決定します。可能であれば企画

いつもの教室が食堂に

段階で実際に作ってみると具体的に考えられます。例年人気があるのはカレーライス、焼きそば、フランクフルト、ワッフルなどです。特にカレーライスは、調理が簡単で大量調理ができ万人受けします。ただし、米飯は炊き上がるまでに時間がかかり、途中で電源が落ちたり水加減で失敗したりすることもあるので難易度が高いことをあらかじめ伝えます。市販のナンを同時に用意したり、弁当業者などから米飯を仕入れたりすることを提案します。

(2) 家庭科との連携

調理を伴う飲食模擬店は家庭科教員の協力が必須となります。提供する商品や調理室・器具の使用など、あらゆる面で相談にあたり、時には担任以上に関わることもあります。生徒がイメージする商品が調理面や衛生面での問題が生じる可能性がある場合には生徒と対立することもあります。そのようなときには、生徒たちに次のように指導しています。

焼きそばを求めて大行列

・調理実習とは異なり、提供した商品は幼い子どもやお年寄りなどいろいろな方が食べるため絶対に安全なものでなければならないこと
・これらを踏まえて家庭科教員は万が一のことが起きないように様々な状況を想定して指導をしており、家庭科教員の判断に従わなければならないこと

この点を繰り返し伝え、納得させます。こうした対立はできるだけ避けたいので、通常の教育活動と結び付

け、事前に家庭科の授業内で調理や食品衛生について学習します。

(3) 保健所の指導・助言

保健所への届け出は任意で、必ずしも届け出をする必要はありません。しかし、不特定多数の人々に提供するため保健所から扱うことができる食材や調理方法・保存などについて助言を受けることで、食中毒など衛生面でのトラブルを未然に防ぐことができますし、保健所が関わっているということで、生徒指導上も効果があります。主に連絡は担当教員（生活指導部や家庭科教員等）が行いますが、直接生徒があたることもあります。

保健所との連絡は次の要領で行います。

・提供する商品が具体的に決まった時点で電話相談をします。これは保健所に直接相談に行く機会を減らすためです。保健所のＨＰで公表されている「取扱項目」や「衛生上の注意点」などを参考にするといいでしょう。

・各団体は保健所が指定する「行事開催届」（**資料1**）をもとに「行事における臨時出店届」（保健所指定・**資料2**）を作成します。その際、調理場や販売場所が明記された校舎内の見取り図を添付します。

・提出書類をそろえ、校内の手続きが済んだら保健所へ提出します。提出時に助言を受けた内容は、できるだけ早く該当の団体へ連絡します。

資料の見本をダウンロードできます ⬇

別記第３号様式

令和　○年　８月　○日

行　事　開　催　届

保　健　所　長　　殿

主催者　住　所　東京都○○市○○町○－○－○
氏　名　東京都立○○高等学校
電　話　○○○－○○○－○○○○

このことについて下記のとおり行事を行います。

記

1　行事名及び行事の期間　　東京都立○○高等学校　文化祭　９月○日（土）～○日（日）

2　行事の主催者及び後援者　　東京都立○○高等学校　校長○○○○

3　行事の目的　　授業・部活動の成果発表並びに生徒間の親睦

4　臨時出店者の出店場所及び出店期間　東京都立○○高等学校内　９月○日（土）～○日（日）

5　取扱食品等

区　分	取　扱　食　品
飲　食　店	①キーマカレー（ライス・ナン）②焼きそば、フランクフルト
食料品販売	③ジュース　④ドーナッツ

6　食品衛生に関する総括責任者及び連絡先
東京都立○○高等学校全日制　生徒指導部教諭○○○○　℡○○○－○○○－○○○○

7　臨時出店店舗の配置図（食品関係店舗ごとに番号で示す。）

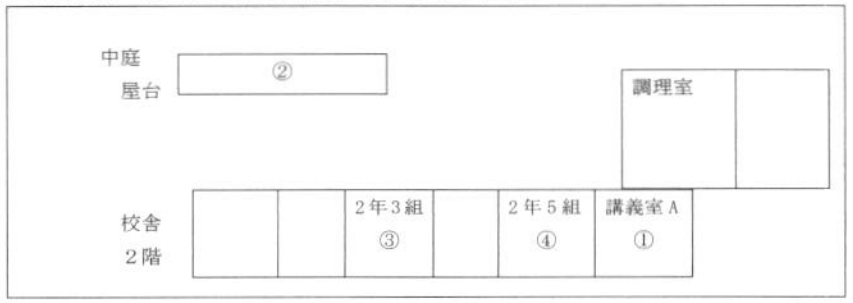

資料１

別記第２号様式

令和　○年　８月　○日

行　事　に　お　け　る　臨　時　出　店　届（記入例１）

東京都○○保健所長　殿

出店者　住　所　東京都○○市○町○－○－○
氏　名　東京都立○○高等学校
○○○○　（生活指導部教諭）
電　話　○○○－○○○－○○○○

このことについて下記のとおり出店します。

記

1　行事名及び行事の期間　　東京都立○○高等学校　文化祭　９月○日（土）～○日（日）

2　行事の主催者及び後援者　　東京都立○○高等学校　校長○○○○

3　行事の目的　　授業・部活動の成果発表並びに生徒間の親睦

4　出店場所及び出店期間　　東京都立○○高等学校　９月○日（土）～○日（日）

5　主催者の確認

本届出者の出店を確認します。　　令和　○年　８月　○日

主催者　住　所　東京都○○市○町○－○－○
氏　名　東京都立○○高等学校長　○○○○

6　取扱食品及び取扱方法

取扱食品	焼きそば、フランクフルト
取扱方法	業務スーパー○○店、△△店にて材料（焼きそばめん、キャベツ、にんじん、豚肉等）を購入。当日朝、本校調理室で仕込み、冷蔵した材料を鉄板で炒め調理する。使い捨て容器に盛り付け提供する。 業務スーパー○○店にて、仕入れた冷凍フランクフルトを冷凍庫で保管。当日本校調理室にて鍋で茹で火を通し、鉄板を使用して焼き目をつけ、使い捨て容器に盛り付け提供する。

7　本年度の累計出店日数（今回の出店日数を含む）
２　日
（別記第３号様式による行事開催届と同時に提出する場合は、１～５は省略できます。）

資料２

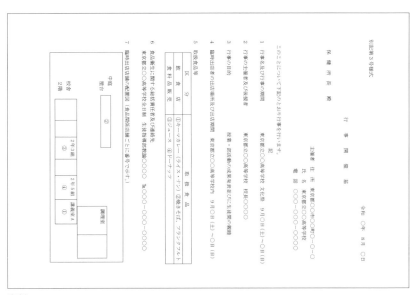

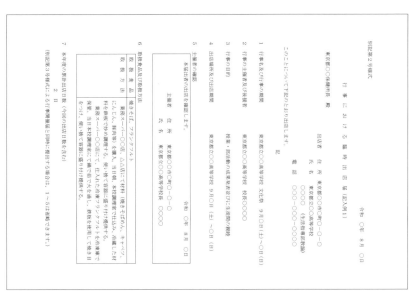

〈失敗談〉

保健所の指導で2週間前に商品を変更する事態になったことがあります。仕入れ先のキャンセル、代わりの商品の検討、文化祭パンフレットの訂正等、生徒をバタつかせ不安にさせてしまいました。**以前は可能だった商品でもNGになったり、保健所によっては許可が出なかったりすることがあるので、文化祭の1カ月前までには指導を受けに行くようにします。**

(4) 試作会の実施

当日の調理工程や所要時間、味付けや盛り付け、原価計算から割り出し提供価格の検討などをします。「試食会」と呼ぶ生徒や教員がいますが食べることだけが目的ではないので、「試作会です」と訂正しています。試作した料理と一緒に『盛り付け』『味』『ボリューム』『販売予定価格』『全体的な感想』などを記入する評価票(**資料3**)を添え、多くの生徒や教員に試食してもらいましょう。辛口の評価は改善に役立てられるので貴重です。

(5) 細菌検査(赤痢菌・サルモネラ菌・腸管出血性大腸菌)の実施

衛生面と指導上の理由から細菌検査を義務づけており、原則として調理担当者と調理室に入室して食品を運ぶ生徒を対象としています。検査結果が準備期間までに判明するように、検体を回収し検査機関に提出します。体調によっては遅れたり提出できなかったり陽性となる生徒もいるため、検査対象者は計画より多めに設定します。**陽性の場合には本人と最小限の関係者のみに伝え、調理以外の担当にそっと配置換えを行います。**

文化祭試作会　評価票　（記入例）

※記入後は企画担当に渡してください。

団体名：　2　年　3　組／　　　部		企画内容：　食堂（屋台）・　喫茶		
料理名：　カレーライス		価格：　1食／セット　350　円		
	とてもよい	普通		改善が必要

見た目・盛り付け	5	4	3	2	1
味	5	4	3	2	1
ボリューム	5	4	3	2	1
価　格	5	4	3	2	1

全体的な感想

とてもおいしかった。他の料理もいろいろ食べたいので、量を減らして価格を安くしてほしい。　ライスだけではなくナンも選べるといいかも。

資料3

(6) その他

・校内にない大型の冷蔵・冷凍庫や屋台調理に必要なガスコンロやボンベ、鉄板などは、近隣の公的施設やレンタル業者から借用します。安全に実施できるように業者や消防署の方から設置や使用方法の指導を受けます。

・保健所から食物アレルギーに関する表示と検食を推奨されています。食物アレルギーのある人が安心して利用できるように、使用されている「特定原材料」の7品目とさらに21品目を販売場所に掲示や包装商品に表示するなどの情報提供を行います。検食は、調理した商品の一部を2週間冷凍保存し、万が一の場合の原因究明に備えます。

・容器は料理を引き立てる重要な存在です。コンセプトに沿ったものであると同時に使用後の処理も考えて選びます。価格は若干高くなりますが、環境に配慮してプラスチック素材を使用しないものを勧めています。

リサイクルや植物由来の原料を使用した容器

5　飲食模擬店における教師の関わり

担任の他、養護教諭や生活指導部など多くの教員の協力が必要です。

〈役割分担と準備計画〉

初動が肝心なので、可能な限り当初の話し合いや活動に参加し見守ります。進捗具合を確認し、必要に応じリーダーの生徒に声掛けを行います。

〈金銭管理〉

仕入れのための資金調達や材料の購入、価格設定や当日の売り上げ管理などは会計担当の生徒に任せきりにはせず必ず教員が関わります。

〈衛生管理〉

自分たちの作った料理を多くの人に提供するということは、同時に重い責任を負うという自覚を生徒にもたせ、事前・当日の指導を行います。

6　おわりに

スタート時点で全員が「飲食模擬店」という大きなプロジェクトに向け意思確認を行うことが大切です。生徒たちが一致団結して取り組むことができるように、教師も文化祭を大いに楽しみ一緒に汗を流しましょう。**飲食模擬店は他の企画よりも達成感はありますが、負担は大きく順調に進まないことも多々あります。**試行錯誤しながら乗り越えやり遂げることでクラスの絆は強くなり、その後の教育活動に大きな変化をもたらします。

工業高校と文化祭

実践編⑥

東京都立葛西工業高等学校
佐藤壮悟

工業高校と文化祭

東京都立葛西工業高等学校

佐藤壮悟

勤務年数24年、専門は工業科。過去に企業の開発課でSE等を経験。現在は生徒の自己肯定感を高める方法を模索している。自身が高校生の頃は文化祭実行委員で多くのエネルギーをかけた思い出がある。

1 はじめに

本校は、東京都江戸川区の東部にあり、千葉県市川市や浦安市の傍で、東京ディズニーランドから割と近い東京都立の全日制工業高校です。学年のホームルーム数は、「機械科」が1、「デュアルシステム科」が1、「電子科」が1、「建築科」が2で、学年では合計で五つのホームルームがあり、1年生から3年生まで合わせると、15のホームルームがあります。本校の特色的な学科である「デュアルシステム科」は、長期のインターンシップを実施する学科で、1年生では4日間、2・3年生では、年に40日間行くことになります。

地域の環境として、東京23区の端にあるためか、住宅が多いです。また、中小企業が多いため、区内の各地に多くの工場とその工業会が存在します。生徒の多くは区内や近隣の葛飾区と江東区から通っています。

在校生徒の状況として、家庭の問題、生活習慣の乱れ、対人関係の問題、学習障害など、多様な問題を抱えた生徒が多く、中には特別な支援が必要と思われる生徒も在籍しています。

文化祭については、生活指導部（生徒指導部）と文化祭実行委員会が中心で全体の大まかな計画を行っています。

２　昨年の文化祭の状況

多くの東京都立普通科高校では、文化祭の実施時期を８月の下旬から９月の上旬に設定しています。しかし、実業系高校では、文化の日が近い11月初旬頃に設定するケースが多く、本校も他の実業系高校と同じ11月初旬に開催しています。

本校における昨年（２０２１）度の文化祭は、11月に実施しましたが、感染症対策のため無制限の一般公開ができず、事前に参加申請した生徒の家族が参加する、「生徒＋ファミリー」規模での開催となりました。

文化祭のテーマについては、全校生徒に募集をかけ、各ホームルームで推薦したテーマを文化祭実行委員会が選定しています。

その結果、テーマは

～轟け！満足出来ねぇ!!

ケーキがない誕生日みたいだ～

となりました。

3　工業高校における文化祭の特徴

工業高校では、**日頃の実習で製作した工具や工作機械・建材・電子部品などの作品を展示するなど工業高校ならではの文化祭**が開催されます。私が関わったどの工業高校の文化祭でも、生徒たちが日頃の実習で製作した作品の展示コーナーを設けていました。本校でも工業文化を色濃く反映した文化祭を行っています。

地域企業との連携で生徒が製作した作品も展示され、中には質の高い作品も展示されます。

4　企画の準備～当日までの流れ

文化祭は11月初旬に実施されますが、催し物の計画は1学期末の7月頃から開始されます。各ホームルームでは、文化祭で何を行うかについて文化祭実行委員が意見をまとめ、担任が許可をします。担当したホームルームでは、「射撃」を行うことに決まりました。

内容によっては夏季休業期間中を使って準備を行う場合もありますが、当ホームルームでは、本格的な作業に入ったのは直前の10月下旬でした。実は、1カ月前に実行委員に確認したところ、未だ役割分担が決定していない状況であったため、役割の種類を見出し分担し、各役割について作業の計画を立てることをアドバイスしました。実行委員はそれを受けて、どのような係が必要かを5、6人で考え、

2022年度の文化祭ポスター

「装飾」「工作」「呼びかけ」等、考えました。その後、各係に責任者を設け、作業計画等を立て始めることとなりました。

全体のまとめ役の生徒も選出されましたが、司令塔として動きが悪く、装飾で使用する折り鶴を生徒たちに作らせるばかりで、全体的な製作の進行に後れをとっていました。まとめ役の生徒は周りの動きが悪いことに不満をもっていました。しかし、その状況に業を煮やした他の生徒が、まとめ役の生徒に「もっと俺らを信用して相談してくれ。そうすれば協力するから」と、詰め寄る場面がありました。それからは、それまで悪かった準備の動きが嘘のように協力的な生徒が増え、さらにその影響か全員が協力して手分けして準備に入るようになりました。**文化祭を通して良好な人間関係を構築していく場面を垣間見ました。**

教室内に設置する射撃場は、安全面を考慮し、射撃場と同様にパーティションで分けた

折り鶴をみんなで折っている様子

ベニヤ板で２つに分けた射場

折り鶴で教室の入口にカーテン風に装飾

参加者に使い方を説明

２射場にすることとなりました。パーティションをベニア板の壁で分け、実際の射撃場のように設置しました。銃はＢＢ弾を使用しましたが、安全面を考え、威力の低い銃を使用しました。的はアーチェリー的のＡ４サイズ版を必要な枚数印刷し、点数は10発の合計点数で決めるランキング方式で行われることとなりました。

　さらに、残りの教室のスペースを活用して、ダーツコーナーなどのミニゲームコーナーを設置しました。

5　教師の関わり方、注意していること

　私が特に注意している点として、生徒観察を欠かさず、可能な限りホームルームについて、生徒の様子を観察します。しかし、**極力、口は出さない**ように気を付けています。

　生徒の作業の様子を見ると、普段、仲が悪い生徒たちが、文化祭を成功させたい一心で協力して作業をしている状況があります。人間関係を構築していく上で、文化祭は重要なイベントであります。もちろん、生徒の中には、少数ですが、楽をしたい生徒もいるため、**作業をする前に担任として、「誰かが楽をした分、誰かが苦労をする」ことを伝える**ようにしています。また、**事前に生徒に文化祭に向けた意気込みを決意文として書いてもらうＬＨＲを実施**し、生徒の意識を高めるようにしています。２・３年生であれば、過去の文化祭の反省を今年に生かしたい旨を決意文に書いている生徒がいて、放課後の準備に頑張る姿でその気持ちを表しているように思います。今年の決意文で特に多かった内容は、「昨年は、あまり協力ができなかったので、今年は積極的に協力する」という内容でした。実は、

文化祭用に校門前に設置されたアーチ

昨年度の振り返りの中で同様の内容を書いていた生徒が何人かいました。ここにきて、その振り返りを行った成果が絶大に威力を発揮しているように思います。**生徒の様子を見て、生徒にやる気があり、意見を活発に出し合っているときは、できるだけ生徒に意見を述べるような介入を行わない**ようにしています。**ただし、一人でいる生徒や悩んでいる生徒には声かけを行っています**。

生徒が自分たちで作り上げた出し物として達成感を得るためには、担任はバックアップにまわり、口を出さないほうが良いと考えています。そのほうが、生徒たちのカラーが出ると考えるからです。**不器用でも生徒が作り上げることに意義があると**思います。そういうわけで、本当に困っているときのみアドバイスをする程度にとどめています。**生徒が自発的に動き自信をもつことが、今後の学校生活や人生において、大きな影響を与えると**考えています。

6　まとめ

生徒は行事での様々な経験を通して、大きく成長していくように感じています。**特に行事を通じて形成される人間関係は、今後の生徒の人生に影響を与えている**ことは間違いがないと確信しています。過去に行事を経験した生徒の中には、行事で構築された人間関係を通じて自己肯定感と有用感が芽生え、それが長じて、現在は同じ教壇に立つ教師となり、生徒を育てる立場となっている方もいます。

行事を通じての成長が見える場面として、ある生徒が苦手教科の学習に苦しんでいるとき、行事で広がった人間関係により、それまで心の距離があった周囲の生徒が、苦しんでいる生徒にやさしく教えている場面をよく見るようになりました。それらの副産物として、全体的な学習理解力が上昇しているように思います。

体育大会などでも、熱中症に関して担任が話をする前に「熱中症対策を考えないといけないね」と、ある生徒が言うと、それを聞いた他の生徒がすぐに「家からクーラーを持ってくるよ」「氷を持ってくるよ」「紙コップなら家に余っているよ」と、意見交換を行い、物品の手配をわずか3分程度で行っていました。大会当日は、ホームルーム生徒のみならず、他の学年やホームルームの水分補給が必要な生徒たちにも配布している場面を見ることができました。

生徒が自由な意見や発想について言いやすい下地は、日頃のホームルームの時間で徐々に醸成していくもので、いきなり文化祭で生徒に動けというのは、難しいことだと思います。生徒に自己肯定感や自己有用感をもたせていくために、あえて生徒を信じて、考えて動いてもらう場面を多く作り、**他の生徒に感謝される経験**を積ませることが大事になります。生徒を信じて任せることは、不安要素が多く、時間がかかることは容易に想像できますが、担任が主導で行えばすぐに終わる内容ではあっても**その時間が生徒を成長させるために重要な時間**だと考えて、忍耐強く待つことが大事だと思います。

演劇に取り組む高校における実行委員会の活躍

実践編⑦

東京都立青山高等学校
北條悠子

演劇に取り組む高校における実行委員会の活躍

東京都立青山高等学校
北條悠子

「行事の〇高」と呼ばれていた学校に新採で赴任し、行事を柱としたクラス経営の在り方や、行事を通して成長していく生徒のエネルギーの大きさに衝撃を受けた。現任校ではコロナ禍で一度途切れてしまった文化祭の「伝統」をどう引き継いでいくのか、生徒とともに模索中。

1 はじめに

これまでは担任の立場で行事に取り組んできました。クラス経営の柱となる行事としての文化祭です。しかし、生徒部行事担当として見ると同じ行事でもまた違う生徒たちの様子が見えました。

いまの高校生はコロナ禍で中学時代の行事経験がとても少ない生徒たちです。仲間とともに何かを創ったり、喜んだり、うまくいかなくて話し合ったり……。そんな貴重な機会がほとんどなかった生徒たちは、自主的に行事に取り組み、楽しむことはできるのかとても気になっていました。

２　昨年・今年の文化祭の状況

勤務校の文化祭は、全クラスが演劇に取り組む伝統があります。しかもほとんどのクラスはミュージカル作品を選び、実際の演劇や映画などを参考にして「本物」を目指して取り組んでいました。狭いながらも教室に舞台を設置して、背景や大道具・小道具などの内装を作りこみます。教室の外側にはロッカー全面を覆う外装（大きな看板）を製作、さらには作品の世界観を表現した通称「立て看」（ベニヤ板半分ほどの大きさの立体看板）を校門から受付までの通路に並べ、お客様を作品の世界に誘っていました。生徒たちの熱演も評価され、本校文化祭「青高外苑祭」は、毎年多くのお客様が足を運んで下さる一大イベントだったのです。

ところが突然のコロナ禍、音楽の授業でも楽器の演奏や歌唱ができなくなりました。行事も同様で、演劇なのに大きな声でセリフが言えない、ミュージカルなのに歌えないなど様々な制約を受けることになってしまったのです。結局、２０２０年度の文化祭は、学年ごとに映像作品を短期間で製作、それを配信してそれぞれの教室で鑑賞しました。総務（実行委員会）の生徒が初の試みとしてZoom利用の演劇にも挑戦してみたものの、動画作成の経験がほとんどなく、そもそも「文化祭は演劇」と考えている生徒たちにはあまり受け入れられませんでした。

２０２１年度は、感染の拡大状況次第で行事そのものが中止になってもおかしくないという不安の中で準備を始めました（1学期後半から感染者

作品の世界に誘う「立て看」―この通路を通って受付へ

急増)。通常通りの開催は望めず、校内開催が精一杯、しかも異学年交流は不可との制約もあり、下級生が上級生の公演を見に行くこともできませんでした。観客定員を20名に絞り、教室での公演も全ての窓・ドアを開放の上、暗幕の使用も禁止、さらに役者も含めた全員が不織布マスク着用など、演劇には強い逆風の中で実施となりました。そんな中でも生徒たちは夏休みの大半を準備活動に充て、中止を言い渡された場合に備えて動画も作成して本番を迎えました。暗くならない教室でも工夫してライトを使用したり、窓・ドア全開のため、隣の教室の公演が聞こえたりという状況ではありましたが、生徒たちは準備の成果を最大限に発揮してくれました。自分たちの公演の出来不出来ももちろん大切だったはずでしたが、特に3年生から、**行事が開催できた喜びと伝統を繋ぐことができてよかった**という感想を聞くことができました。まさに**「為すことによって学ぶ」経験が、生徒を大きく成長させる**ことを改めて感じた行事でした。

3 「総務」と文化祭の関連

ここで本校の「文化祭総務」(文化祭実行委員会の中の有志)を紹介したいと思います。**生徒会の委員会組織の一つが「文化祭実行委員」で、各クラス2名ずつ選出**します。実行委員は、学校全体に関わることをクラスに知らせたり、各種提出物を取りまとめたりする企画側とクラスとのパイプ役です。この**実行委員の中から希望者が「総務」となり、文化祭に関する企画・運営を担う**ことになります。実際のところ、実行委員になる生徒のほとんどはもともと文化祭に興味があるので、昨年・今年とも実行委員全員が総務に立候補しています。今年度は1・2年生32名と3年生12名が総務として活動しました。

総務長・副総務長は各クラスの監督団(クラスのリーダー)との連絡・調整を中心に、全体を俯瞰した仕事をします。他に大道具・照明・広報・備品・会計などの係があり、１・２年生が分担して担当します。**３年生は昨年経験した係にアドバイスをする程度で一緒には活動しません**。部活で言えば「引退」した先輩のような位置づけです。これはなかなかよいシステムだと思っています。わからないことはまず先輩に聞くので、「生徒主導」が保てますし、３年生は自分がうまくできなかったことを明確に覚えているので、「失敗」が改良されて引き継がれるのです。担当教員が複数いてもうっかり抜けてしまうようなことがありますが、生徒にカバーしてもらうことが多いというのが実感です。

4　企画の準備～当日までの流れ

企画の準備は前年度の９月に始まります。そんな時期に何を？　と思われるかもしれません。生徒が言う「来年度の準備」は、文化祭終了後にアンケートをとることから始まります。生徒・保護者向けにそれぞれ実施したアンケート結果から問題点を洗い出し、次年度の方針を考えていくことにしています。週１で昼休みに総務会を行い、まとまった案は生徒部を通じて学年や分掌でも検討してもらって実現を目指します。また１月には次年度の行事計画に合わせた文化祭関連の日程を検討し、４月当初からすぐに各団体が活動を始められるよう、準備します。

重要なのはホームルームの回数で、他の行事などとの兼ね合いで確保できないとすれば、いつ話し合いの場を設定できるかを具体的に考えなければなりません。例えば、健康診断の日に時間がとれるよ、などと提案することに

夏休みの大仕事。舞台の組み立て作業開始

つながります。

新年度4月の早い時期に1年生に文化祭の説明を行いました。コロナ禍で入学前に文化祭に来たことがある生徒は皆無に近く、「どんなイベントで、どんな準備が必要か」の説明は欠かせないとの判断からです。今年度は総務長が作成したスライドで、2年生が各クラスで説明する機会をいただきました。「監督団がクラスのリーダー、演目の選び方、どんな係があるのか、夏休みの活動はこんな風に」などなどおおまかな説明でしたが、1年生の担任団からも概ね好評でした。経験のある上級生が自分の言葉で説明するので、新入生も興味をもちやすいということのようでした。この説明会の前後に、各クラスで監督団とクラスの係を決め、準備活動が始まることになります。

次の段階が演目選びです。以前はミュージカル作品が多く選ばれていましたが、現状では感染防止の観点から歌は歌えません。その他、出演者の人数や男女比、舞台の構成なども考慮しなければならず、作品選びそのものが実はとても難しいのです。それでもGW明けから中間考査までの間には決めてもらうことになります。6月上旬の体育祭が終わると、いよいよ様々な提出〆切が迫ってくる時期です。舞台の設計図、木材購入数調査、机・椅子の必要数調査、プログラム掲載の原稿など多岐にわたります。総務はそれらが実現可能か、またルール違反がないかなどをチェックしていきます。

次に全体が大きく動くのは1学期の終業式の日です。夏期講習終了後から一斉に準備が始まるので、その前に舞台設営用の演台や客席用雛壇、購入した木材に暗幕や照明一式まで、全てこの日に各クラスに配布してしまうのです。**8月上旬からは生徒相談室の看板を「総務室」にかけ替え、各クラスの準備をサポートする活動に入っていきます。**今年度は入場を招待券制としたため、その発行やキャンセルへの対応まで総務が行いました。初めてのことで想定できなかったトラブルが多発し、対応に追われました。

8月下旬の始業式からはまさに勝負のときとなります。夏休み中に設営した教室の舞台は一度解体して始業式と授業をし、再度組み立てなければなりません。その後の3日間でリハーサル（同時に動画撮影）を経て本番を迎えるのですが、どのクラスも大抵は予定より準備が遅れているため、混乱を極めます。著作権上のチェックを受けたのに全く違うセリフに代わっているクラス、設営した舞台が危険だと判断されるクラスなども続出し、その度にどうすれば上演できるようになるかを総務とやり取りしながら改善していきます。さらに今年は演劇・立て看・外装の3部門の表彰をFormsアプリで投票してもらうことにしました。生徒も楽しみにしており、結果発表のある閉会式も盛り上がるのですが、準備はとても大変でした。

今年度の一番の不安要素は、公演後の観客入れ替えが予定通りできるかどうかでした。以前は普通にやっていたことですが、外部のお客様の入れ替えを経験した生徒がいなくなってしまっており、状況を想定して準備することが難しかったためです。総務が考えたのは学校全体の動線を統一することでした。観劇後のお客様には一つの階段を指定して階下に移動していただき、入るお客様には別室で待機していただき、奥の教室から順番に誘導、教室内の席までご案内する形としました。これがとても有効で、初日から混乱なく入れ替えをすることができました。このようなアイデアを練り、実行することも総務の仕事です。**とても地味ですが、全体に関わる大切な仕事です**。こういう部分にも丁寧に取り組める生徒の熱意には感心させられます。

作品の雰囲気を伝えたい（1年生外装大賞作品）

5　教師の関わり、特に注意していること

行事は生徒主導とは言え、全てを生徒任せにはできません。例えば全クラスで使用する照明や解体のスピードアップに必要な電動ドリルなどが不足していれば予算請求するのは、全体を見通して計画を立てる教員の役割です。

基本的には自分たちのことは自分たちでやりたい生徒たちですが、**教員にも関わってほしい気持ちはあるようで、今年度の反省点の一つとしてあがっています。**次年度、総務の工夫として取り入れようと思っていることは、**夏休みの活動予定表など総務への提出書類に担任確認欄を設けること**です。それがあれば、サインをもらいに行ったとき、困っていることの相談や進捗状況の報告など、教員が関わるきっかけ作りになると生徒たちは期待しています。

本校では以前から著作権に対する配慮をしてきており、それが逆に演目選びの制約ともなってしまっています。この点は現状に合わせて変更していきたいと考えています。※ このような制約がある中で、今年はオリジナル作品に挑むクラスがいくつも出てきており、しかもそれらはおおむね高く評価されていました。**こういう方向性もあると示して生徒たちの可能性を広げるような関わりこそ、教師の大切な役割ではないでしょうか。**

「甘酸っぱくキラキラした青春」をイメージ（2年生外装大賞作品）

※『学校における教育活動と著作権』令和3年度改訂版　文化庁など参照

6　まとめ

本校の生徒のほとんどは、行事に対してとても熱心に取り組みます。その土台を大切にしつつ、生徒たちがより成長できるように導ける学校でありたいです。**授業以外の場で生徒が示すエネルギーは、時に教員の予想をはるかに超えて大きくなる**ように感じています。「与えられた」形になりがちな授業と違い、**自分たちで動き出さなければ何も始まらないという経験ができるのは、行事をおいてほかにありません**。この機会を逃さず、担任はホームルーム運営の柱として、行事担当者は異年齢集団に関わる機会として活用していきたいと思います。

また、長期にわたる取り組みのあとには、ぜひ生徒たちに「行事の振り返り」をする機会をもうけましょう。**生徒自身が自分たちの経験を客観的に見るのは、とても大きな意味がある**と思います。あの時のもめごとの原因は？　なぜ予定通りに進まなかったのだろう？　などなど、**振り返りを共有することで、次年度の土台にもなるはずです**。最後まで**「生徒主導」の発想を大切にし、教員の自己満足で終わらせないようにしたい**ものです。

細部まで作り込んだ作品はライトアップがポイント（３年生外装大賞作品）

コラム 3

動画配信でつなぐ文化祭のバトン

コロナ禍で文化祭の一般参加が制限された中で、私の勤務校では２０２１年・２０２２年とYouTubeにて動画を配信しました。学校広報が目的だったため、各企画の当日の様子や、準備風景の様子を撮影・編集し、一般公開設定で配信しました。

動画の視聴回数は配信１カ月以内に１千回を超え、学校広報としての効果が上々だったのはもちろんですが、想定外の現象が起きました。２０２３年の文化祭直前期に、前年度（２０２２年）の「文化祭準備風景」を撮影した動画の視聴回数が急激に伸びたのです。

不思議に思いながら２０２３年の文化祭準備風景を撮影しに校内を回ってみると、その原因がわかりました。昨年度の文化祭準備風景の動画を見ながら準備に励む生徒の様子が散見されたのです。学校により文化祭の文化は様々だと思いますが、動画という媒体で記録が公開されていると、先輩たちの教室の使い方や工夫などを引き継ぎやすい環境が整備でき、しかも学校広報としても機能する、まさに一石二鳥の状況が生まれるのです。

動画を一般公開することについては賛否両論だと思います。撮影・編集の際には生徒の氏名等の個人情報や、校内利用に限り使用が許される著作物の映り込みの有無についてチェックが必要ですし、映り込んだ生徒たちへの掲載許可なども含めて大変なことも多いです。その一方、動画が一般公開されることでモチベーションが向上する生徒も見受けられます。チャレンジしてみようと感じた先生は本書を片手に管理職の先生と相談してみてください。

（黒尾　信）

＊参考ＵＲＬ：東京都立向丘高等学校公式YouTubeチャンネル

高校文化祭の教育論　執筆者一覧

〈編著者〉
早稲田大学教職大学院　小山利一
東京外国語大学　小西悦子

〈執筆者〉
東京都立江北高等学校　細川笑子
東京都立文京高等学校　岡　潔
東京都立向丘高等学校　黒尾　信
花園中学高等学校　伏木陽介
東京都立千歳丘高等学校　石井光洋
東京都立白鷗高等学校・附属中学校　吉田伊織
東京都立足立新田高等学校　横田　昇
埼玉県立朝霞高等学校　浅見和寿
多治見西高等学校附属中学校　小木曽賢吾
兵庫県立姫路東高等学校　川勝和哉
埼玉県立浦和第一女子高等学校　木下通子
東京都立保谷高等学校　小林雅実
東京都立葛西工業高等学校　佐藤壮悟
東京都立青山高等学校　北條悠子

編著者略歴

小山利一（こやまとしかず）

早稲田大学教職大学院教授。早稲田大学教育学部を卒業後、都立高校の教員を経て、都立教育研究所、羽村市教育委員会、教育庁指導部高等学校教育指導課、東京都中部学校経営支援センターなど教育行政に携わる。その後、都立青山高校統括校長として学校経営に当たる。共著で『新学習指導要領準拠　学校マネジメントの視点から見た学校教育研究—優れた教師を目指して—』（早稲田大学教育総合研究所）などがある。

小西悦子（こにしえつこ）

國學院大學文学部文学科卒。学習院大学大学院人文科学研究科教育学専攻博士前期課程修了。高校教諭として精研式文章完成法を活用した教育活動を実践。『クラス担任が自信をもって「語る」12カ月』（担任学研究会編、学事出版）、『高等学校調査書・推薦書記入文例＆指導例』（同編、学事出版）、他に大学教職用テキストなど、それぞれ分担執筆。現場の先生方と教師の力量向上を目指す担任学研究会を毎月開催し、指導理論を共有している。

［特別付録］ 現役教師による座談会（ダウンロードコンテンツ）
二次元コードから、本書の執筆者数名による座談会の記事をご覧いただくことができます。本には掲載していない教師の悩みや本音もお読みいただけます。

高校文《こうこうぶん》化《か》祭《さい》の教育論《きょういくろん》
生徒の自主性・主体性を育てるために

2023年４月25日　初版第１刷発行

編著者　小山利一・小西悦子
発行者　安部英行
発行所　学事出版株式会社
〒101-0051　東京都千代田区神田神保町1-2-5　和栗ハトヤビル3F
電話　03-3518-9655（代表）　https://www.gakuji.co.jp

編集担当　戸田幸子　装丁　亀井研二　イラスト　鍋島伊都子
編集協力　西田ひろみ　本文デザイン・組版　株式会社明昌堂
印刷・製本　電算印刷株式会社

ISBN 978-4-7619-2924-4　C3037